U0083092

基督教文化研究丛书

主编 何光沪 高师宁

四编 第4册

基督教与华北社会研究
（1927~1937）（上）

张 德 明 著

花木兰文化事业有限公司

国家图书馆出版品预行编目资料

基督教与华北社会研究（1927～1937）（上）／张德明 著 —— 初
版 —— 新北市：花木兰文化事业有限公司，2018〔民107〕
目 4+138 面；19×26 公分
（基督教文化研究丛书 四编 第 4 册）
ISBN 978-986-485-479-0（精装）
1. 基督教史 2. 华北地区
240.8   107011421

ISBN-978-986-485-479-0

9 789864 854790

基督教文化研究丛书
四编 第四册   ISBN：978-986-485-479-0

基督教与华北社会研究（1927～1937）（上）

作　　者　张德明
主　　编　何光沪 高师宁
执行主编　张　欣
企　　划　北京师范大学基督教文艺研究中心
总 编 辑　杜洁祥
副总编辑　杨嘉乐
编　　辑　许郁翎、王筑　美术编辑　陈逸婷
出　　版　花木兰文化事业有限公司
发 行 人　高小娟
联络地址　台湾 235 新北市中和区中安街七二号十三楼
　　　　　电话：02-2923-1455／传真：02-2923-1452
网　　址　http://www.huamulan.tw 信箱 hml 810518@gmail.com
印　　刷　普罗文化出版广告事业
初　　版　2018 年 9 月
全书字数　331850 字
定　　价　四编 9 册（精装）台币 18,000 元

版权所有 请勿翻印

基督教与华北社会研究
（1927～1937）（上）

张德明　著

作者简介

张德明（1985～ ），男，山东青州人，现为中国社会科学院近代史研究所助理研究员，主要研究方向为中国基督教史、近代文化史，曾在《世界历史》《史学月刊》《中共党史研究》《抗日战争研究》《世界宗教研究》《史林》《安徽史学》等核心刊物发表文章十余篇，获得教育部博士研究生学术新人奖、山东省优秀硕士论文、"薪火"基督宗教青年学者奖学金等荣誉，参与或主持国家大清史工程、中国博士后基金、国家社科基金青年项目、中国社会科学院重大项目等多项课题，曾赴台湾"中央研究院"近代史研究所、香港中文大学等地访学交流，参加多次国际、国内学术会议。

提　要

受 1922～1927 年间的非基督教运动影响，基督教在华教务陷入低潮，教徒情绪低落，又逢 1929 年世界经济危机发生后，西方基督教差会被迫减少对华传教事业经费，并裁减传教士人数，在华基督教此时面临严重的内忧外患。为复兴低沉的教会，中华全国基督教协进会于 1930 年发动了著名的"五年奋进布道运动"（简称"五年运动"）。华北各地教会也成立五运委员会，配合五年运动开展。

为扩大布道，华北基督教提倡个人布道，号召普通信徒参与布道，各教会还采取新春布道、帐篷布道、联合布道等多形式的群体性布道，并重视文字布道，引领家庭归主，促进了教会自传；华北教会还举办训练班、退修会、主日学等，加强对信徒及教会人员的训练及进修，着力培养本土布道人才，为教会自治创造条件。面对西方经济危机导致教会经费紧张的困境，华北教会实施受托主义原则，鼓励教徒捐献，注意加强培养教会的义务工作人员，增强了教会自养能力，教会学校、医院也采取了相应的应对困境的举措；在社会福音思潮影响下，华北各教会联合组织华北基督教农促会，开辟多处农村实验区，推行乡村建设以改变乡村困境，各教会大学、中学也参与其中。

在此时期，华北基督教因受到政府政策限制，文化冲突等因素影响，政教关系虽然相对缓和，但也有因教会学校立案、土匪骚扰等问题产生的冲突。特别是 1931 年的德福兰案发生，也是华北民教关系的生动体现，其中牵涉到了中美政府、民众及传教士内部的诸多矛盾。华北各地的女青年会也通过开展识字教育、技能教育、家庭健康教育、宗教教育及社会救济，来影响改变了华北女子的社会生活。因日本侵略加剧，出于爱国之心，华北基督教也投入到抗日救亡热潮中，基督徒内部也展开了国难讨论，特别是教会学校师生积极参加到抗日运动中。

华北基督教在 1927 ～ 1937 年面对危机的各项应对，也体现出教会活动重心从城市向农村的转移，活动对象从知识分子向下层民众的转移，这都说明在华教会为适应中国社会需要而做出积极调整。此时期华北地区的教徒数量有所增长，教徒质量明显提高，一扫之前教会的低潮景象，教会间的合作趋势加强，也使教会在困境中继续发展，推动了教会的振兴，特别是有利于增强中国教会的自养、自传与自治，这也是促进中国教会本色化的有效探索。但此时期，华北基督教又过于重视社会事业，忽视了布道的初衷，在宗教与世俗之间面临两难境地，特别是作为其很难取得深受儒家文化影响的中国民众的认同。而且刚刚经历复兴的中国教会事业，又因 1937 年抗日战争的全面爆发，无奈再次陷于低沉。

"基督教文化研究丛书"总序

何光沪 高师宁

　　基督教产生两千年来，对西方文化以至世界文化产生了广泛深远的影响——包括政治、社会、家庭在内的人生所有方面，包括文学、史学、哲学在内的所有人文学科，包括人类学、社会学、经济学在内的所有社会科学，包括音乐、美术、建筑在内的所有艺术门类……最宽广意义上的"文化"的一切领域，概莫能外。

　　一般公认，从基督教成为国教或从加洛林文艺复兴开始，直到启蒙运动或工业革命为止，欧洲的文化是彻头彻尾、彻里彻外地基督教化的，所以它被称为"基督教文化"，正如中东、南亚和东亚的文化被分别称为"伊斯兰文化"、"印度教文化"和"儒教文化"一样——当然，这些说法细究之下也有问题，例如这些文化的兴衰期限、外来因素和内部多元性等等，或许需要重估。但是，现代学者更应注意到的是，欧洲之外所有人类的生活方式，即文化，都与基督教的传入和影响，发生了或多或少、或深或浅、或直接或间接，或片面或全面的关系或联系，甚至因它而或急或缓、或大或小、或表面或深刻地发生了转变或转型。

　　考虑到这些，现代学术的所谓"基督教文化"研究，就不会限于对"基督教化的"或"基督教性质的"文化的研究，而还要研究全世界各时期各种文化或文化形式与基督教的关系了。这当然是一个多姿多彩的、引人入胜的、万花筒似的研究领域。而且，它也必然需要多种多样的角度和多学科的方法。

　　在中国，远自唐初景教传入，便有了文辞古奥的"大秦景教流行中国碑颂并序"，以及值得研究的"敦煌景教文献"；元朝的"也里可温"问题，催生了民国初期陈垣等人的史学杰作；明末清初的耶稣会士与儒生的交往对话，带来了中西文化交流的丰硕成果；十九世纪初开始的新教传教和文化活动，更造成了中国社会、政治、文化、教育诸方面、全方位、至今不息的千古巨变……所有这些，为中国（和外国）学者进行上述意义的"基督教文化研究"提供了极其丰富、取之不竭的主题和材料。而这种研究，又必定会对中国在各方面的发展，提供重大的参考价值。

就中国大陆而言，这种研究自 1949 年基本中断，至 1980 年代开始复苏。也许因为积压愈久，爆发愈烈，封闭越久，兴致越高，所以到 1990 年代，以其学者在学术界所占比重之小，资源之匮乏、条件之艰难而言，这一研究的成长之快、成果之多、影响之大、领域之广，堪称奇迹。

然而，作为所谓条件艰难之一例，但却是关键的一例，即发表和出版不易的结果，大量的研究成果，经作者辛苦劳作完成之后，却被束之高阁，与读者不得相见。这是令作者抱恨终天、令读者扼腕叹息的事情，当然也是汉语学界以及中国和华语世界的巨大损失！再举一个意义不小的例子来说，由于出版限制而成果难见天日，一些博士研究生由于在答辩前无法满足学校要求出版的规定而毕业受阻，一些年轻教师由于同样原因而晋升无路，最后的结果是有关学术界因为这些新生力量的改行转业，后继乏人而蒙受损失！

因此，借着花木兰出版社甘为学术奉献的牺牲精神，我们现在推出这套采用多学科方法研究此一主题的"基督教文化研究丛书"，不但是要尽力把这个世界最大宗教对人类文化的巨大影响以及二者关联的方方面面呈现给读者，把中国学者在这些方面研究成果的参考价值贡献给读者，更是要尽力把世纪之交几十年中淹没无闻的学者著作，尤其是年轻世代的学者著作对汉语学术此一领域的贡献展现出来，让世人从这些被发掘出来的矿石之中，得以欣赏它们放射的多彩光辉！

2015 年 2 月 25 日
于香港道风山

目

次

导　论

一、研究缘起

鸦片战争后，西方传教士依靠不平等条约再次涌入中国，掀起基督教第四次来华热潮，也成为近代中国社会中不可忽视的力量。西方基督教在华以普世主义的情怀，在参与中国社会早期现代化进程中远比传统宗教更为活跃，兴办学校医院及慈善机构，传播西方文明，意欲实现中华归主的目标。虽然来华基督教的终极目标并未实现，但却引领开启了中国教育、医疗事业的现代化，更是培养了大量中国社会急需的改革人才，孙中山、蒋介石、孔祥熙、冯玉祥等一批民国政要也是著名的基督徒。

近年来，中国基督教史研究日渐受到学术界重视，成为甚具活力的学术领域，吸引了历史学、宗教学、人类学、社会学等多学科学者参与，逐渐从"险学"演变为"显学"。作为学界关注的热点，大陆学界对中国基督教史研究范式也经历了从单纯的"文化侵略"范式到"文化交流"再到"现代化"范式的演变。各种研究范式，在当时的特定时期内都有其存在的合理性，可以部分地解读基督教在华活动某一侧面，但由于近代来华基督教的本身复杂性及其活动的广泛性，上述范式并无法做到全面阐释基督教活动，以后仍需要学者进一步探索更加合适的研究路径。

当前中国基督教史研究方兴未艾，然纵观目前大陆学界的基督教史研究，多集中于对近代基督教会在华教育、医疗、慈善等社会事业的研究，或研究某差会个案，或研究某省市的基督教，然对传教士来华的本质工作——布道事业却考察甚少；从研究对象上，也是多关注西方差会在华活动，重视精英传教士、基督徒及城市教会，而对中国教会的研究，尤其是下层信徒、保守派传教士及农村教会关注较少；再从研究时间段上看，学界目前的研究在叙述非基督教运动以后，多过渡到抗战时期的基督教，而对南京国民政府前十年的基督教史则是研究中的薄弱点，特别是学界对此时期中国教会史上的头等大事——"五年奋进布道运动"的考察更是极为欠缺。

同时，华北地区作为当时教会在华较早开辟的传教区，差会众多，亦建立了庞大的传教及社会事业体系，受到非基督教运动的冲击较为强烈，教会急需复兴，同时也兴起了中国本土教会，在近代基督教区域版图中占据重要位置。而就当时华北地区的社会形势看，也有其特殊性，在1930年代前后的华北面临着日本咄咄逼人的扩张态势，加之政局的更迭变动，同时恰逢世界经济大危机，华北各基督教会面临着内忧外患，被迫做出了相应调整，以求度过危局。当时华北基督教的五年运动，无论在活动组织及参加教派上，都开展地颇有声色，在乡村建设、识字运动等方面更成为全国教会效仿的典型，故也有较强的代表性与特色。为此，本文将选取1927-1937年华北地区的基督教作为典型区域，探讨华北基督教会在此大背景下具体的应对调整策略，关注其如何与中国社会融合，增进本土化的程度。

二、学术史研究综述

（一）国内学界研究

1. 大陆学界研究

目前大陆学界的中国基督教史研究日渐兴旺，开始从宏观考察转向微观研究，研究范式也摆脱了传统的文化侵略观，出现了多样化的研究趋势[1]。但目前学界对1927-1937年的华北基督教的研究相对较少。段琦的《奋进的历程：中国基督教的本色化》（商务印书馆，2004年）及罗伟虹主编：《中国基督教（新教）史》，（上海人民出版社，2014年），对此时期在华基督教活动及五年运动有所介绍，但缺乏对华北教会活动的关注；王毓华主编：《北京基督教史简编，1863-1993》）（北京市基督教教务委员会，1995年），左芙蓉：《基督教与近现代北京社会》（巴蜀书社，2009年）；于学蕴、刘琳编：《天津老教堂》

---

1 对于大陆学界的中国基督教史研究整体状况，可参见陶飞亚、杨卫华主编的《基督教育中国社会研究入门》（北京：复旦大学出版社，2009年）及氏著文章《改革开放以来的中国基督教史研究》（《史学月刊》2010年第10期）及金以枫编：《1949年以来基督宗教研究索引》（北京：社会科学文献出版社，2007年）等论著。

（天津人民出版社，2005 年）；陶飞亚、刘天路：《基督教会与近代山东社会》（山东大学出版社，1995 年）；刘海涛：《河北基督教史》（宗教文化出版社，2016 年）、左芙蓉：《华北地区的圣公会》（宗教文化出版社，2017 年）则关注到了此时期北京、山东、天津、河北等地基督教的活动，但对 1927-1937 年基督教活动叙述较为简略。

　　大陆学界对此时期相关的研究多集中于华北乡村建设、齐鲁大学，燕京大学及著名教会中学方面。关于基督教会所参与之华北乡村建设运动，大陆学界仅见刘家峰的《中国基督教乡村建设运动研究（1907-1950）》（天津人民出版社，2008 年）一书，该书即以基督教的乡村建设为对象，内中提及了华北基督教的农村建设，但是该书对美国美以美会、英国浸礼会、美国公理会等具体差会的乡村建设活动论述不多，在资料及史实上均需深究。另刘家峰的文章《基督教与民国时期的乡村识字运动》（《民国研究》第 15 辑，2009 年）与《中国基督教中学的农业教育与乡村建设》（尹文涓编：《基督教育中国近代中等教育》，上海人民出版社，2007 年），都简单涉及到了华北地区基督教的识字运动与乡村建设；而毕晓莹博士论文《华北基督教公理会研究》（北京大学博士论文，2013 年）及其发表的《美国公理会与民国通县乡村建设探析》（《中国社会经济史研究》2012 年第 2 期）及《美国公理会与保定乡村建设述论》，（《古今农业》2012 年第 1 期）及高宁的《民国河北基督教会乡村建设运动研究》（河北师范大学硕士论文，2015 年）则专门探讨了华北公理及其他教会的乡村建设；而李传斌的《教会·乡村·医疗：南京国民政府时期的基督教乡村卫生建设》（《晋阳学刊》2015 年第 3 期）一文，也对华北的部分教会大学与教会实验区的卫生建设有所介绍；而在基督教青年会研究方面，左芙蓉：《社会福音、社会服务与社会改造：北京基督教青年会历史研究》；罗世龙主编：《天津中华基督教青年会与近代天津文明》，（天津人民出版社，2005 年）；赵晓阳：《基督教青年会在中国：本土和现代的探索》（社会科学文献出版社，2008 年）及王晓蕾：《全球地域化视域下的天津青年会研究（1895-1949）》（中国社会科学出版社，2016 年）等书，对于 1927-1937 年期间华北等地的青年会活动有所叙述，但除北京、天津青年会研究较多外，其他地区青年会及女青年会的活动均缺乏关注。

　　作为处于华北地区的燕京大学与齐鲁大学，大陆学者的关注相对较多，涉及两校的神学教育、乡村建设、学生运动等内容。在燕京大学方面，除了通论性的著作《燕京大学史稿》（人民中国出版社，1999 年）及陈远的《燕京大学，1919-1952》（浙江人民出版社，2013 年）外，徐以骅的《教会大学与神学教育》（福建教育出版社，1999 年）则有专门部分讨论了燕京大学宗教学院的兴衰问题；北京师范大学颜芳 2008 年的硕士论文《燕京大学乡村建设实验研究（1919-1941 年）》及河北大学王爽 2017 年的硕士论文《民国时期燕京大学乡村建设研究——以清河实验为例》，则关注了燕大在清河、汶上等地的实验；汤云丽的《司徒雷登与燕京大学的学生运动》（河北师范大学硕士论文，2005 年）与王瑞的《“危城”中的抗日呐喊——以 1931-1937 年燕京大学师生的抗日言行为中心的考察》（上海大学硕士论文，2008 年），则关注了燕大师生在 1930 年代的抗日救亡运动。学界对齐鲁大学的研究在著作上有齐大校友编的《齐鲁大学八十八年》（现代教育出版社，2010 年），该书简要叙述齐鲁大学办学历史，后多为校友回忆文章，但集中于 40 年代的校园生活。徐保安：《教会大学与民族主义:以齐鲁大学学生群体为中心（1864-1937）》（南京大学出版社，2015 年）涉及了 30 年代齐大的立案及学生的民族救亡运动；山东大学赵祥斌 2011 年硕士论文《神圣与世俗之间：齐鲁大学乡村建设研究》等，则探究了齐鲁大学开展的乡村建设等问题；然学界既有研究，却对两校的宗教生活关注较少，且多使用中文资料。

在华北地区教会中学研究上，现有论著多是叙述其办学情况，且集中于贝满女中、铭贤学校等个案。如北京大学姬红的《北京地区美国基督教会中学研究，1920-1941》（北京大学硕士论文，1989 年。）该文主要以北京的贝满、崇实、育英等八个美国教会中学为研究对象，重点考察了教会中学在 20 世纪上半叶中国社会剧变中的调整及发展特点，也简要提及了 1930 年代的北京教会中学情况。对于山西的铭贤学校，学界研究颇多，信德俭等编：《学以事人、真知力行：山西铭贤学校办学评述》，（中国社会科学出版社，2010 年），为系统研究铭贤学校论著，关注了铭贤学校的学科与课程体系、学校管理、校风与课外活动、科学研究与技术推广等问题，也对 1927-1937 年期间的学校发展有所介绍。另尹文涓的《从基督精神到共产主义：北京教会女学生群体的信仰历程—以贝满女中为个案》（吴义雄编：《地方社会与近代中西文化交流》，上海人民出版社，2010 年），则系统关注了贝满中学的学生宗教生活。纵观目前学界对华北教会中学的研究，多集中于少数几所学校，对华北教会学校在 1930 年代的乡村建设活动关注较少。

2. 港台学界研究

港台学界的基督史研究起步较早[2]，但对此时期华北基督教的着墨不多。以笔者如见，仅有香港学者萧楚辉的《奋兴主教会——中国教会与奋兴布道运动初探》（香港：福音证主协会证道出版社，1989 年）、洪君保的《五年运动》（《中国与教会》，1981 年第 18 期）等论著有所涉及，均侧重事实叙述，较为简略。香港学者吴梓明的《从神学教育到宗教研究：燕京大学宗教教育的考察》（氏著：《基督宗教与中国大学教育》，中国社会科学文献出版社，2003 年），则论述了燕京大学的宗教教育在开展过程中的世俗化演变。香港学者汤清的《中国基督教百年史》（道声出版社，1987 年），简单叙述了华北各差会的传教历程，也涉及了 1930 年代各差会的活动；而由香港学者徐松石编著的《华人浸信会史录》第一册（浸信会出版部，1972 年），为大陆地区浸礼宗各宗派在华活动的介绍，其中对在华北活动的英国浸礼会、美国南浸信会、瑞典浸信会等华北差会的活动有所论述。香港学者对于中国本土基督徒比较关注，多部著作中涉及了华北教会领袖王明道、赵紫宸，吴雷川等人，对他们的神学思想及成就有详细分析，如吴利明的《基督教与中国社会变迁》（基督教文艺出版社，1982 年），林荣洪的《曲高和寡：赵紫宸的生平及神学》（中国神学研究院，1994 年）及《王明道与中国教会》（中国神学研究院，1982 年），吴昶兴的《基督教教育在中国：刘廷芳宗教教育理念在中国之实践》（浸信会出版社，2005 年）等著作。

台湾地区从研究教案史开始关注中国基督教，也是学界研究重镇，但对五年运动的研究却比较薄弱。林治平多年来致力于中国基督教史研究，多次组织基督教会议，并先后由宇宙光出版社了出版了《理念与符号——基督教与现代中国学术研讨会论文集》（1988 年）、《基督教与中国本色化国际学术研讨会论文集》（1990 年）、《中国基督教大学论文集》（1992 年）等论文集，部分文章涉及了 1930 年代的华北基督教本色化、燕大基督徒团契等问题；杨森富的《中国基督教史》（商务印书馆，1984 年）为较早的基督教通史，但此书较为简略，并未涉及五年运动，在其论文集《中华基督教本色化论文集》（宇

---

2 关于港台学界的基督教史研究，除可参见前述的陶飞亚、杨卫华的著作外，还可参考邢福增的《近代中国基督教史的研究趋向：以美国及台湾为例》（《国际汉学》第 12 辑，郑州：大象出版社，2005 年）及林美玫的《五十年来台湾学者基督宗教研究成果总论与发展趋势评析》（《基督教学术》，上海：上海古籍出版社，2005 年）。

宙光出版社，2006 年）中，则部分涉及了 1930 年代基督教的本色化进程；卢孝齐在其硕士论文《中国基督教乡村建设运动——以华北地区为例（1922-1937）》（台湾中国文化大学史学研究所，1985 年）中，论述了华北基督教乡村建设运动的酝酿、发展过程，并把华北基督教分成教会界、教育界及社会团体届，分门别类地阐述了他们的乡村建设工作内容，但史实挖掘仍需加强；陈能治在成功大学的博士论文《美国教会学校与近代中国——山西铭贤学校个案研究》则专门研究铭贤学校，并在 2010 年台湾南华大学学术会议上提交了《穆懿尔在山西铭贤学校的农业改良经验》，探讨了铭贤学校的农业改良活动。此外，陈明章的《学府纪闻：私立燕京大学》（台北：南京出版有限公司，1982 年），简要叙及燕大历史，多为燕大校友回忆文章，利于掌握燕大学生生活实况。

（二）国外学界研究

美国学界较早关注基督教近代在华传播历史，公认的较早研究中国基督宗教的西方权威学者和著作当推美国著名传教史学家赖德烈（Kenneth Scott Latourette）和他撰写的《基督宗教在华传教史》（*A History of Christian Missions in China* ,1929 ），但该书以出版前为论述的截止时段。后在费正清（J.K.Fairbank）、柯文（Paul A. Cohen）等人的倡导下，美国的中国基督教史研究范式也经历了传教学模式、冲击—回应模式、传统—现代模式、文化帝国主义模式、中国中心观再到后殖民主义模式的转变[3]。欧美学界研究大多运用来华教士寄回国内的书信、报告、传记、差会教内档案文书，除中国中心观范式注重中国基督教本身及中国社会对基督教影响外，多是考察传教士及传教运动对中国的影响，有明显的西方中心倾向，忽略中文史料的使用及中国基督教本身的研究，传教学范式更是充满浓厚的神学色彩。而对于华北基督教史，美国学界有多部论著涉及到 1927-1937 年的华北基督教，相比国内学界研究更加深入具体，但多是差会的个案考察，对五年运动整体研究却未有相关作品。

---

3 欧美学界的基督教研究范式，可参见柯文的《在中国发现历史——中国中心观在美国的兴起》（北京：中华书局，2002 年）；聂资鲁的《百余年来美国的基督教在华传教史研究》（《近代史研究》2000 年第 3 期）；王立新的《文化侵略与文化帝国主义：美国传教士在华活动两种评价范式辨析》（《历史研究》2002 年第 3 期)；《后殖民理论与基督教在华传教史研究》（《史学理论研究》2003 年第 1 期）等文章。

从现有成果看，美国学界多本论著涉及了美国信义会、美国公理会、基督教青年会、中华基督教会等多个在华北活动的差会，对 1930 年代的华北基督教情况有所介绍。如摩文（W. C. Merwin）1999 年出版的《合一之旅：中华基督教会》（*Adventure in Unity : the Church of Christ in China* ,1999）是西方第一部研究"中华基督教会"的著作，也涉及了华北的中华基督教会组织；另有多部论著涉及华北的英美差会，如海宁格（Janet E. Heininger）1981 年的博士论文《美国公理会在中国：传教士的经验和态度（1911-1952）》（*The American Board in China: the Missionaries' Experiences and Attitudes, 1911-1952*, 1981）；邢军（Jun Xing）的《革命之火的洗礼：1919-1937 年美国的社会福音与在华基督教青年会》（*Baptized in the Fire of Revolution: The American Social Gospel and the YMCA in China, 1919-1937*，1996）；莱斯德夫（Kimberly A. Risedorph）的《改革者、运动员与学生：基督教青年会在中国（1895-1935）》（*Reformers, Athletes and Students, The YMCA in China,1895-1935*（1994）；布朗的（G. Thompson Brown）的《东方之旅与超然力量：美国北长老会在中国，1837-1952》（*Earthen Vessels and Transcendent Power : American Presbyterians in China, 1837-1952*，1997）；卡费德的（Mary T. Campfield）的博士论文《欧柏林在中国，1881-1951》（*Oberlin-in-China, 1881-1951*，1974）；汉迪（Wesley L. Handy）的博士论文《华北浸信会与山东大复兴中的凯瑟客神灵化：1927-1937》（*An Historical Analysis of the North China Mission（SBC）and Keswick Sanctification in the Shandong revival, 1927-1937*，2012 年），则分析了美国南浸信会 1927-37 年在山东的复兴布道盛况。以上美国学界的论著多是对欧美差会在华活动的研究，其中也部分介绍了华北基督教会的历史，但涉及五年运动的开展情况较少。

除了差会个案研究外，美国学者还探讨了 1930 年代的美国在华教会学校、传教方式及中国基督徒等问题。如郭爱理（Alice H. Gregg）的《中国与教育自主（1807-1937）》（*China and Educational Autonomy: The Changing Role of the Protestant Educational Missionary in China, 1807-1937*，1946）；连熙（Xi Lian）的《传教士的转变：美国在华新教传教活动中的自由主义（1907-1932）》（*The Conversion of Missionaries: Liberalism in American Protestant Missions in China, 1907-1932*，1997）；瓦格（Paul A. Varg）的著作《传教士、中国人和外交官：美国新教在华传教运动（1890-1952）》（*Missionaries, Chinese and*

Diplomats, American Missionary Movement in China, 1890-1952，1959）；姚西伊（Yao, Kevin Xiyi）的《基督新教在华基要主义，1920-1937》（*The Fundamentalist Movement among Protestant Missionaries in China, 1920-1937*，2000）等。以上论文虽然涉及到了 1930 年代基督教在华活动情况，但对华北基督教关注不多。此外，费正清编的《传教事业在中国和美国》（Missionary Enterprise *in China and America*，1974）一书中，则有专文论述了燕大校长吴雷川的民族主义思想及实践；刘广京编《美国教士在华言行论丛》（American Missionaries *in China: Papers from Harvard Seminars*，1966），其中有两篇文章分别涉及了华北基督教乡村建设与传教士对共产主义看法；何凯立（H. H. Herbert）的《基督教在华出版事业，1912-1949》（*Protestant* Missionary Publications *in Modern China 1912-1949*，1988）一书，也提及了 1927-1937 年基督教文字事业的成绩。

　　美国学界对于燕京大学与齐鲁大学两所在华北的教会大学也多有关注，如艾德敷（Dwight W. Edwards）的《燕京大学》（*Yenching University*，1959）与韦斯特（Philip West）的《燕京大学与中西关系》（*Yenching University and Sino-Western Relations, 1916-1952*，1976.）是两部有关燕京大学著作，其中也涉及了 1930 年代的燕大的办学及学生爱国运动的情况；美国学者郭查理（Charles H. Crobett）的《齐鲁大学》（*Shantung Christian University*，1955）对齐鲁大学在 1930 年代的本土化调整有所探讨；鲁珍晞（J. G. Lutz）的《中国和教会大学，1850-1950》（*China and the Christian Colleges,1850-1950*，1971）及芳卫廉（W. P. Fenn）的《基督教高等教育在变革中的中国》（*Christian Higher Education in Changing China*，1976），为西方研究中国教会大学的代表作，其中涉及了齐鲁大学、燕京大学的本土化及抗日救亡运动等活动。

　　在英国学界也有相关研究涉及到华北基督教，高德（Norman Goodall）的《英国伦敦会活动史，1895-1945》（*A History of the London Missionary Society 1895-1945*，1954）的一书，有专节叙述了英国伦敦会 1930 年代在中国活动的历史，但对华北地区提及较少；英国威斯敏斯特神学院李俊关的博士论文（Lee, Chun Kwan）《中国基督教会的复兴神学，1900-49 年：它的起源与影响》（The theology of revival in the Chinese Christian Church, 1900-1949: Its emergence and impact，Ph.D.dissertation，Westminster Theological Seminary，1988），则有专门一节宏观上叙述了五年运动的发动过程及结果；英国白金汉大学柯喜乐

（Norman Howard Cliff）的博士论文《山东新教差会活动研究（1859-1951）》（*A History of the Protestant Movement in Shandong Province，China，1859-1951*，1994 年）引用丰富的外文资料对近代山东基督教会历史有专门研究，其中对此时期基督教在山东的活动有所论述。此外，日本学者山本澄子（Yamamoto Sumiko）《新教在华本色化史》（*History of Protestantism in China：the Indigenization of Christianity,*2000），则宏观上探讨了 1930 年代中国教会本色化问题。韩国学者李宽淑的《中国基督教史略》（社会科学文献出版社，1998 年），虽然涉及了民国基督教史，但涉及华北基督教内容较少。

（三）研究反思

近年来的中国基督教研究正在突破传统的神学方法和浓烈的意识形态束缚，利用中外学界的多种相关研究范式，并开始更多地借鉴社会学、文化学等多学科方法，形成一门综合性的研究学科，这也为研究华北基督教提供了便利与新视角。而就中国基督教史研究而言，运用新的研究范式固然重要，但大陆学界的研究多停留在宏观研究，微观研究则刚刚起步，故搜集整理基督教中外文史料、实证考察教会在华的具体活动的研究急需加强。而对华北基督教史研究除少数个案外，细化探究则整体欠缺，故本文试图吸取各种研究范式所长，着重理清华北基督教此时期活动的基本史实与线索。

然目前大陆学界研究，多是围绕基督教的外围进行研究，重视基督教会在华教育医疗等社会事业及社会福音派传教士，而忽视教会内部获得获得及其本职的布道事业，缺少对基要派传教士及本土布道人员的关注，在研究对象上也是多偏重城市教会及精英基督徒，而忽视对农村教会及下层信徒活动的探讨，且重视对基督教在华活动的单向叙述，缺乏政府及民众对其活动反应的考察，这也是本论文所力图纠正的目标。而学界对 1927-1937 年的基督教研究，仅对基督化家庭，乡村建设活动等具体个案有所涉及，整体性研究甚少，许多基本事实需要澄清，资料也需进一步发掘。基督教在近代社会转型中起到的特殊作用，应放在整个近代中国社会大背景下，结合内外部环境、社会关系、经济发展水平、文化教育水平等综合考虑，而不能孤立的考察，应在基本搞清史实基础上给予评价。

对于 1927-1937 年华北基督教的具体境况，此时期华北基督教会的扩大布道情况，华北教会及学校医院在经济危机形势下如何调整？教会及教会学校如何应对日本侵略？华北教会乡村建设开展等问题，需要通过考证中西史料，理清其基本历史事实，还原此时期华北教会发展的原貌。除了关注此时期外国差会在华北活动研究外，同时更应从本土视野关注此时期的华北的本土教派的活动，而对教会受托主义的实施、政教、民教关系演变、基督教与抗日救亡等问题的研究都比较薄弱，皆值得继续深究。且现有研究在史料挖掘上，未能充分利用各类差会档案，年度报告及中英文报刊，而通过对此类的史料深入解析，也能更加完整反应此时期基督教的实况。

三、学术要点

（一）创新点

史实方面：本文关注海内外学界研究甚少的 1927-1937 年的基督教与华北社会，并弥补学界对五年运动关注不足的缺憾，从教会本色化的视角出发，着重考察华北基督教会在此时期所开展的扩大布道、受托主义、基督教救国运动等学界研究薄弱问题，尤其重视此时期的布道事业及基督教在华北农村中的发展，认识基督教与华北社会的互动关系。

资料方面：本文利用基督教协进会、美国美以美会、英国圣公会、英国伦敦会及齐鲁大学等教会机构的英文原始档案及年度报告，并结合大量的珍贵的民国基督教中英文图书，还搜集了当时的《教务杂志》、《中华基督教会年鉴》、《中国差会年鉴》、《华北公理会月刊》、《真光杂志》、《真理与生命》、《中华归主》等各类中英文基督教期刊及华北各教会学校所办期刊，辅以上海、北京、天津等地档案馆所藏资料，资料多为新见。

理论运用方面：因当前研究中国基督教史的理论范式并无法全部涵盖阐释基督教在华活动全貌，本文则是力图摆脱单一研究范式束缚，而是吸取文化交流、现代化、全球地域化等各种研究范式的优长着重进行实证研究，全面考察研究华北基督教在 1927-1937 年的活动实况。同时，在研究的过程中也借助其他学科方法，如文化传播学、社会学的统计与应用知识，教育学，宗教社会学等方法，对相关材料和问题展开多角度地分析。

（二）研究难点

本文牵涉华北地区的 20 余个欧美差会及本土教派，地区涉及华北五地市数十县，在微观考察华北基督教的活动特色上存在挑战，对其各类事工也难以面面俱到；且论文所需资料分散，部分资料为原始的英文资料，在资料搜集及翻译上因受诸多条件的限制，存在一定的困难；由于基督教研究牵涉到复杂的基督教义，在分析布道方式、教会本色化等问题探讨上都是研究难点。

（三）研究重点

本文并非对1927-1937年华北基督教活动进行全面的论述，而是着重关注华北基督教各教会的布道方式及其效果，教会针对经济危机采取的自养措施，社会福音思潮影响下的基督教乡村建设的开展、教会参与抗日救国运动及华北的民教、政教关系等问题，以求对基督教在华传播的真实境况有所认识。

四、相关界定

（一）概念界定

五年运动，本文所指的"五年运动"，特指中华全国基督教协进会于1930年发动的"五年奋进布道运动"，内容涉及扩大布道、基督化家庭、宗教教育、受托主义、青年事业、识字运动等方面。

华北基督教：此为较为宽泛的概念，特指华北地区的基督新教差会等外国宗派所开办的教会及中国基督徒创办的本土教会。

教会本色化，其涵义大体包括来华基督教摆脱西方宗教的色彩，与中国社会相融合，实现自治、自传、自养，其中教会由中国人员自我管理，经费完全由国人捐助，发动本国信徒布道，以适应中国的社会与文化的需要等。

（二）时间界定

本文研究的起止时间为从1927年4月南京国民政府成立，到1937年7月全面抗战爆发结束。在论述华北基督教相关背景及影响时，会相应提前或延后。

（三）空间界定

本文研究的华北地区，特指民国基督教传教区层面的地理区域，具体涉及河北省、山西省、山东省、北平市、天津市。

第一章 基督教在华北概论（1927～1937）

一、时代背景

（一）国际背景

1928 年在耶路撒冷召开的第二届世界基督教大会，又称"耶路撒冷大会"，是继 1910 年爱丁堡基督教世界大会后，又一次召开的世界基督教大会，来自 51 个国家的 250 多名代表参加。当时中国教会派基督教协进会总干事诚静怡[1]、基督教协进会干事罗炳生（Edwin C. Lobenstine）等中西代表 20 人出席。该会之目的在求灵性之深造，巩固友爱之团契，会上讨论的重要问题有基督教与其他宗教之关系，基督教之人生与福音；宗教教育；先进教会与后起教会之关系；差会如何应付种族之纷争，工艺之发展与农村之需要；国际之协作等。[2]除了以上讨论问题外，本次大会针对西方物质主义和世俗化的倾向，还号召"灵命复兴"，其中"强调属灵更新，使信徒能整全的见证基督，并提出了人类需要福音、教会需要复兴、信徒需要服务、教会需要合一等各国教会需努力的目标"。[3]此次会议还宣扬"整全福音"的观念，即："不独是各地人们的

---

1 诚静怡（1881-1939），民国时期中国基督教领袖人物之一，曾出任中华续行委办会总干事、中华全国基督教协进会会长，总干事，中华基督教会全国总会会长，积极推动中国教会本色化。

2 钟可托：《中华全国基督教协进会一年来经过》，《中华基督教会年鉴》第 10 期，上海：中华全国基督教协进会，1928 年，第 13 页。

3 张坊：《在耶路撒冷举行之世界基督教会议》，《中华基督教会年鉴》第 10 期，第 28 页。

福音，也是人们生活各方面的福音。至于今日，在这种社会各方面的关系中，如工业，种族，国际以及偌大的乡村农民方面，更需要耶稣的福音"[4]。而这些讨论议题与此次大会上宣传的"灵命复兴"与"整全福音"，也影响了中华全国基督教协进会意图振兴教会，发动"五年运动"的具体活动计划。如在大会上所提出的如福音信息、宗教教育、经济关系和大规模合作布道等建议，均对其后提出的协进会"五年运动"的目标制定产生直接影响。

除了耶路撒冷大会的召开外，1929 年发生的波及欧美的世界经济大危机也是影响五年运动开展的重要因素。因当时来华欧美新教差会，资金来源大多来自国内信徒捐献或基金支持，但是经济危机发生后，资金来源减少，使得在华各差会财政出现紧张，各教会不得不缩减来华教士人数，减少经费拨款，自然也对在华事业产生了重要影响。如当时美国北长老会总部即于 1929 年开始决定逐年减少对华经费，"从 1929 年顶峰时的 4149188 美元，到 1936 年时拨款额为 2030966 美元，几乎削减了一半经费。"[5]而在外国差会资金及人员减少的情况下，中国教会如何应对，也使得五年运动专门制定了相应的对策。

民国前期，在美国产生并在基督教内流行的社会福音思潮也在中国大行其道，该思潮的提倡者以美国神学家饶伸布什（Walter Rauschenbusch）为代表人物，认为基督教不仅注重个人拯救，更应注意社会与国际的拯救，两者应当兼顾并行，"不可学作和尚式之信徒，置社会服务于不顾"[6]。该思潮主张基督教对人类生活的全面介入，使得基督教可以对社会的方方面面都产生影响，这也是自由派神学的典型代表，也为在华社会福音派传教士及基督徒所介绍并推广。如著名布道家艾迪（Sherwood Eddy）在论及中国的社会福音时曾指出："我们必须拯救人生的各个方能，包括其宗教的、经济的、社会的、政治的、民族的和国际的关系……教会不应该放弃参与各个领域中道德问题的权利。"[7]而该思潮也被中国教会内部人士获得了认同，国内翻译了饶伸布什的《社会福音的神学》等国外神学家的相关著作，在基督徒范围内广为流传。

4 吴哲夫：《耶路撒冷大会概况》，《中华归主》1928 年第 85 期，第 3 页。

5 G. Thompson Brown, Earthen Vessels and Transcendent Power-American Presbyterian in China, 1837-1952, New York: Orbis Books, 1997,p.258.

6 师雅各：《现代所需之社会福音》，《真光杂志》1927 年第 6 号，第 4 页。

7 Sherwood Eddy,"The Social Gospel in China", *The Chinese Recorder*,Vol.54,February 1923,pp.81-82.

作为中国教会领袖的诚静怡也十分支持社会福音思潮，明确提出："基督教不但应该注重个人，更应当注重社会生活，如个人、社会、国际和国际等几方面，在这些生活中，没有一种是基督的能力所不能或不该透入的。"[8]故此，社会福音思潮也对 1927-1937 年基督教在华活动开展产生了影响，诸如乡村建设，识字运动及救国运动，都与该思潮有关。

（二）国内背景

1922 至 1927 年，在全国范围内爆发的非基督教运动，由广大青年学生与知识分子所引导发动，国共两党也参与其中，给在华基督教会带来严重冲击。非基督教运动爆发根源在于中西文化冲突，民族主义影响等诸多因素，而导火索缘于 1922 年中华续行委办会编纂的基督教在华活动大型调查资料《中华归主》的出版及世界基督教学生同盟大会在北京的召开。《中华归主》一书显示了基督教在中国的迅猛扩张，其书名更是引起了知识分子的反感，故此书也在教外引来广泛批评。与此同时，1922 年 4 月，世界基督教学生同盟第十一届大会将在北京的清华大学举行，一些反教人士便以反对此次会议在中国的国立大学举行为由，发起了非基督教运动[9]。此运动首先由在上海的部分激进青年学生发起，他们组织了"非基督教学生同盟"，后北京、天津、济南等城市也相继成立了反基督教的的同盟团体，通过宣传、刊文、演讲或示威游行，公开的反对基督教在华活动，形成了自义和团运动之后又一次反基督教高潮，至 1922 年 7、8 月间学生放假而告一段落。

1924 年，非基运动在"收回教育主权"的口号下再次兴起，各教会学校学生掀起学潮，纷纷要求学校在政府立案，国共两党人士及知识分子精英也皆参与运动。后因 1925 年"五卅惨案"的激化形成中外对立之势，全国学生联合会还训令全国各校学生尽量摧毁和破坏教会，更于 1925 年底发动了反基督教运动周[10]，广大学生积极投入到反教运动中。随后又是北伐大革命，各地教堂及教会产业又受到民众或军队冲击。而教会受到的冲击尤以 1927 年的"南京事件"为甚，华北部分差会也通知传教士躲避，如"华北公理会 85% 的传

8　诚静怡：《中国基督教的性质和状态》，《文社月刊》1927 年第 2 卷第 7 册，第 59 页。

9　关于非基督教运动详情，可参见杨天宏：《民国知识分子与基督教：非基督教运动研究》（北京：人民出版社 2008 年版），此书为国内系统研究非基督教运动的第一部专著，对非基运动的起因、过程、影响论述甚详。

10　贾立言编、冯雪冰译：《基督教史纲》，上海：广学会，1929 年，第 449 页。

教士都离开他们的布道区，暂居在中国港口城市或离开中国"。[11]非基督教运动随着大革命的失败及南京国民政府成立，社会局势趋于稳定，此运动也宣告结束。非基运动时期，基督教在华事业陷入沉寂，传教士多数撤离或躲避，"基督徒受逼迫屈辱甚至舍身殉道，教会产业受破坏损失，教会工作许多停顿或徒存形式。"[12]除了非基督教运动外，此时期还出现了诸多不利教会发展的因素，如"共产的恐怖，民族运动的鼓励，新文化运动，国际的竞争等"[13]，都为教会发展带来了挑战。当然在复杂的社会环境下，也为基督教发展提供了契机，"个人与国家均苦无出路，因为需要信仰和慰藉，希望和坚忍，宗教和道德的醒觉就成了自然的结果和普遍的现象。"[14]

1927 年，南京政府成立后，政局趋于稳定，虽然国民政府颁布严禁干扰教会及归还教产的训令，教会日常活动不再受到破坏，但受长期的非基督教运动的影响，不少基督徒精神不振，部分教会领袖也不热心教务，"没有真正了解基督，言行不一致，抱饭碗主义，自傲心太大，不能以基督心为心"[15]，地方教会工作也是停滞不前。当时中华全国基督教协进会总干事诚静怡曾说："近年的中国基督教运动，可谓多事之秋。有一个时期，各处的教会，都显着一种暮气。许多在教会工作的人，不知教会的命运将来如何，以故对教会的工作，也心灰意冷，因此他们便有些便离弃教会的工作，甚至反对教会。"[16]在燕京大学任职的基督徒徐宝谦对萎靡不振的教会情况也曾言："非教运动、共产党、国民革命运动三者，与基督教以重大的打击，是人所共知的。基督徒经过这几次的打击，有的冷落了，有的虽有志护教，然力不从心。"[17]特别是某些教徒的信仰笃诚发生问题，"对宗教不冷不热，不进不退，于教会的规

---

11 Harold S. Matthews, *Seventy-five Years of the North China Mission,* Peking: Sheffield Print Shop, 1942, p. 147.

12 诚静怡：《全国教会概观》，《中华基督教会年鉴》第 10 期，第 7 页。

13 诚静怡：《中国基督教运动概观》，《中华全国基督教协进会第八届大会报告》，杭州，1931 年，第 65 页。

14 梁传琴：《青年与宗教运动》，《真理与生命》1936 年第 10 卷第 1 期，375 页。

15 《讨论"如何改良教会宣传福音的方法方能应付社会的要求"的结案》，《华北公理会联合月刊》1929 年第 3 卷第 1 期，第 28 页。

16 诚静怡：《两年来之全国基督教运动鸟瞰》，《中华基督教会年鉴》第 11 期，上海：中华全国基督教协进会，1931 年，第 2 页。

17 徐宝谦：《"五年运动"目标的讨论》，《真理与生命》1930 年第 4 卷第 12-13 合期，第 2 页。

矩，则按部就班，奉公守法，于教会的事工，亦能勉励从事，无可指责，循规蹈矩，守分安常，但是缺少如火如荼的热忱，一往无前的勇气。"[18]伴随着社会上对教会的非难日益升级，教会自身的建设进入关键时刻，如何因应种种不利于基督教发展的社会思潮，怎样回答来自各界的批判和挑战，应该朝什么方向继续发展和壮大教会的事业，均成为中国基督教人士无法回避的重大抉择。故在此紧要关头，中国教会的前途命运何去何从，如何复兴低沉教会，成为基督教领袖们关心的话题，"五年奋进布道运动"在此背景下应运而生。

值得注意的是，基督教自入华传教以来，一直因是外国宗教而被人诟病，为消除外界误会，力争基督教必要从不平等条约的关系中解放出来，惟有使中国教会脱离西洋化而为中国化，于是在1922年上海的基督教全国大会提出了建设中国"本色教会"的运动。所谓的本色教会就是要有一个自立自养自传的中国化教会，以中国信徒为主体，西国教士可以退处于辅佐地位。这个提倡原是基督教协进会发起的，诚静怡曾说："一方面求使中国信徒担负责任，一方面发扬东方固有的文明，使基督教，消除洋教丑号。"[19]此后自基督教全国大会后及非基督教运动时期，也是中国教会本色化问题讨论最热烈的时期，中外基督徒发表了大量有关教会本色化的讨论文章。在1922年的基督教全国大会上，已经提出中国教徒应"担负更重的责任，应付工作的费用，管理自己的事情，发表自己对于基督教真理上的意见，并且发展关于组织上、行政上、布道上和经济上的种种责任心和自主权"，并"通力合作，用有统系的捐输，达到自养的目的；由果决的实习，不怕试验、不惧失败，而达到自治的正鹄；更由充分的宗教教育、领袖的栽培，及挚切的个人传道，而达到自传的目标。"[20]但非基运动时期的本色化讨论多限于理论探讨，而五年运动则是本色化理论的重要实践，并且提出了自理、自传、自养的口号。此外，此时期随着中国新式知识分子群的壮大，国内教徒独立意识和民主科学意识的也日渐增长，为了减弱对外国的依赖，削减反帝势力的指责，五年运动的发动也是正得其时。

18　《灵性的准备》，《布道声》1926年第2期，第9页。

19　沈亚伦：《四十年来的中国基督教会》，《金陵神学志》1950年第26卷第1-2合期，25页。

20　中华全国基督教协进会编辑：《全国基督教大会报告书》，上海：协和书局，1923年，第23页。

二、华北基督教基本情况

（一）教派概况

第二次鸦片战争后，英美等国新教差会凭借《天津条约》、《北京条约》中有关传教特权的规定，先后进入华北地区传教，迅疾遍布北京、天津、山东、山西、直隶等地区，其中传教的新教差会达 30 余个之多。教会在华北立足后，布道之余，还兴办多处教会学校、医院及慈善事业，逐渐打开了传教局面，成为当时华北社会中重要力量。下表 1927 年时华北基督教差会简表：

表 1-1　1927 年华北基督新教差会简表[21]

差会名称	所属宗派	活动地区
美国北长老会	长老宗	河北，山东，天津，北平，山西
美国公理会	公理宗	河北，山东，山西，天津，北平
美国美以美会	监理宗	河北，山东，天津，北平
美国鲁东信义会（1925 年接替德国信义会）	信义宗	山东
美国南长老会	长老宗	山东
美国南浸信会	浸礼宗	山东
美国友爱会	浸礼宗	山西
美国孟那福音会	浸礼宗	山东
英国圣公会	圣公宗	河北、山东、天津、北平
英国浸礼会	浸礼宗	山东、山西
英国圣道公会	监理宗	河北、山东、天津、北平
英国伦敦会	公理宗	北平、天津、河北
美普会	公理宗	河北
加拿大长老会	长老宗	河北
中国内地会	内地会系	河北、北平、山东、山西
救世军	国际宗派	河北、北平、天津、山东、山西

21　本表依据：《1901-1920 年中国基督教调查资料》，（北京：中国社会科学出版社，2007 年）；C.L.Boynton, C.D. Boynton （ed），*The Handbook of Christian Movement in China under Protestant Auspices*（Shanghai: Kwang Hsueh Publishing House,1936）制作而成。

基督教男、女青年会	国际宗派	河北、北平、天津、山东、山西
瑞典圣洁会	内地会系	山西
瑞典浸信会	浸礼宗	山东
瑞华会（瑞典）	内地会系	山西
英国弟兄会	弟兄派	山东
美国基督教复临安息日会	福音派	北平、山东
美国清洁会	弟兄派	河北
神召会（英、美、挪、瑞系）	五旬节派	山西、北平、河北
美国通圣会	近监理宗	山东
美国宣圣会	五旬节派	山东
挪威福音会	正宗派	河北
使徒信心会	五旬节派	山西
美国上帝教会	无宗派	河北、山西
挪威北直隶教会	独立派	河北
美国南直隶福音会	信义宗	河北
挪威会	内地会系	山西
烟台工艺会（英国）	无宗派	山东
德国同善会	正宗派	山东
远东宣教会	无宗派	北平、河北、山东、天津、山西

清末民初，随着中国基督徒自立意识增强，华北地区也出现了许多中国本土的自立教会，当时在济南、北京、天津、青岛、烟台等地皆成立了中华基督教自立会，并联合组成了华北中华基督教会联合会[22]。而在南京政府前十年，在华北地区尚有魏恩波的"真耶稣教会"、倪柝声领导的"基督徒聚会处"、敬奠瀛创办的"耶稣家庭"等本土宗派活动，也是颇有影响的教会团体。

在全国非基督教运动的影响下，在华北地区，除了北京成立的"非宗教同盟"外，天津、河北保定、山东济南和青岛及山西太原等地都成立了非宗教或非基督教同盟，举行演讲、散发宣传品等一系列反基督教的宣传活动。1924年底，济南发动"非基督教周"，举行反教演讲，反教人士紧跟传教士进

---

22 中华续行委办会调查特委会编，蔡詠春等译：《1901-1920年中国基督教调查资料》，北京：中国社会科学出版社，2007年，第996页。

行宣传。1925 年，基督教青年会第八次全国大会在济南召开。济南非基督教大同盟发布"告山东青年书"，揭露基督教是帝国主义进行文化侵略的工具，是"倍传教为名，行侵略之实"。同年，济南非基督教大同盟发表宣言，号召工人、农民、学生，尤其是教会学校的学生，"鼓起勇气，集中力量"，打倒帝国主义的先锋——基督教。1924 年后，在山东的教会学校也纷纷罢课游行，干涉教徒的正常宗教活动，要求学校在政府立案。在山西，1925 年，五卅惨案发生后，"打倒帝国主义之口号，数闻于新建之大礼拜堂内，反基督宣传之标语，大书特书于教会之门墙。赴堂礼拜者人数骤减，教会学校学生罢课参加爱国运动。"[23]此时期，因非基督教运动冲击，各支会教务大受打击，会务难有进展。教会的老教徒日益减少，新入教者寥寥无几，教会门庭冷落，以山西浸礼会为例来看，经常守礼拜的男女不过十余人，"教徒数在 1923 年也仅有 250 人。"[24]不少基督徒产生了消极情绪，甚至退出教会，各地教会学校的教学秩序也大受影响，部分传教士也被迫撤离。

到 1927 年随着南京国民政府成立，非基督教运动停滞后，华北各处教务逐渐恢复，传教士也陆续返回，但整体仍陷于低潮期。此时的华北教会同全国其他教会的情形类似：教徒人数日见减少，基督教活动中心数目消减；教会学校就读生人数减少；基督徒学生及教徒家庭出身的学生比例也都下降；在教会医院，缩小工作范围，院中服务人员亦有撤出[25]。同时，各教会内信徒情绪低沉，教会事务更是一蹶不振，如"美南浸信会华北差会在烟台开会时，传道人很沮丧的报告'死气沉沉'的教会。一个值得注意的特点，他们的信息中渗入了失望和属灵的饥饿。在华北，宣教士团体曾留在那里协助，最少也有七十个教会冷淡了[26]。而从当时华北的传教士数量看，1928 年初，传教士陆续返回传教地工作，当时山东有 417 名，山西 112 名，河北（含北京、天津）有 394 名，其中有 278 名是在烟台、青岛、天津等通商口岸居住[27]。但传教士数量比之前有所减少，其地位也逐渐处于顾问指导，中国信徒担负起更重的责任。在此形势下，华北教会急需复兴，五年运动的发动即为复振教势。

---

23 李湧泉：《山西浸礼会》，《中华基督教会年鉴》第 11 期，第 42 页。

24 E. W. Burt, *Fifty Years in China*, London: The Carey Press,1926, p.99.

25 Frank Rawlinson,"A Five Year Adventure", *The Chinese Recorder*, January 1930,p.1.

26 [美]柯理培著，余敬群译：《山东大复兴》，台湾浸信会神学院，1999 年，第 20 页。

27 鲍引登：《在华西宣教师分区统计》，《中华基督教会年鉴》第 10 期，第 129-130 页。

（二）教会人员及组织

传教士是总会派遣来华传教者，男性称牧师，女性称教士，医务人员不论男女均称大夫。教会来华传教士初期大多为福音传教士，后陆续有专职的医学传教士、教育传教士来到中国。传教士来华后均先学习中文，后分派至各重点教堂、医院及学校工作。而各国在华差会的最高职务为总干事，部分差会也称主教或会督，负责在华整体教务，该职皆是由传教士担任。中国传教人员最高为牧师，下设长老、执事。再下面还设有经过神学教育或培训的传道人员，参加讲道和教导信徒。当然不同教会人员名称不同，如华北美以美会的初级传道工作为劝士，由牧师发给执照，授以传道职权；本处传道则是牧区议会或教区议会，接有班长会或执事会的推荐时，得给被推荐者以本处传道之执照。四年后，可被推为本地长牧，当接受长牧按手典礼后，即有施行洗礼和帮助举行圣餐的职权，再过两年后可推为本地长老。[28]就传教人员而言，外国人员人终为极少数，多赖当时各支会所选出之牧师、长老、执事等相助为理。如浸礼会总堂会由一个传教士掌握，同时选拔总执事帮助传教士管理教会事务。各分堂会或支堂有牧师一人，没有牧师的则选拔领会师傅（后称传道先生）领导礼拜。下为当时华北伦敦会中外人员统计：

表 1-2　1931 年华北伦敦会各项统计表[29]

职　务	总　数	贾氏布道团	萧张区会	沧州区会	天津区会	北平区会
华牧师	12	-----	5	3	3	2
西牧师	8	-----	3	3	1	1
男教士	35	11	13	3	2	5
女教士	20	1	7	6	4	2
堂会	117	4	80	19	5	9
信徒	4797	68	2400	1310	500	519
长老	4	-----	-----	2	2	-----

近代基督教在华传教有自己的一套组织结构和建制，尽管组织形式混乱且常变化，但总起来看，大都分大区教会（总堂会）、县区教会（堂会或支会）

---

28 罗运炎：《中国美以美会》，《中华基督教会年鉴》第 11 期，第 8-9 页。

29 《华北大会的概况》，《总会公报》1931 年第 3 卷第 10 期，第 921 页。

和布道所这样自上而下的几个层次。而且各组织成立都有严格规定，如华北公理会教会组织：凡设堂布道，有驻堂先生者，可为传道所；要成立堂会，必须有执事，司库，书记等职。[30]同时，各教会还定期召开会议，研讨教务工作。如华北美以美会会议有总议会四年召集一次，年议会每年开会一次，教区议会每年开会三次，牧区议会则每年不定期召开[31]。

在中国教会本色化过程中，因急为缺乏经费与人才，自治为其中最难者。而自近代基督教入华传教后，"往往是管之者西人，教之者西人，一切习惯几无不西化"[32]，导致基督教被国人攻击为"洋教"。非基督教运动后，传教士陆续返回，恢复工作，但受困教会财政危机影响，来华传教士数量减少，差会也迫使教会开始向中方人员放权，改变以前多为传教士掌握教会实权状况，形成了中西共治的教会管理体系，也利于促进本色教会。而且当时华人信徒与外籍传教士也形成共识，认识到"传教士的角色正在变化当中，而在未来的时期，他们不再多以指导者和管理者的身份出现，而是从华人那里获取自己的任务"。[33]在此形势下，华北公理会1929年通过决议，规定中外人员有平等的权力和责任，华北公理会促进董事部代表从每个众议会中西人员各一名而改为每一众议会的布道、教育、医务三个主要委员会各派一名代表。代表或中或西，但选择权在中国本土教会手里，特别是将工作及资产完全交由中国人管理。[34]而从具体实施效果看，1935年时，华北公理会在促进董事部员，三分之二为华人，众议会代表几全为华人，各机关之董事亦几全为华人，各机关之行政人员，大部为华人，各项委员亦大部为华人，其中西人仅负责执行之责而已，甚至总干事，宗教教育干事，学生事业干事，亦均有华人任之。[35]而华北其他差会，也陆续增加了管理机构中的华人比例，逐渐向本土人员放权。

30 王学仁编：《教友须知大纲》，上海：广学会，1933年，第27页。

31 罗运炎：《中国美以美会》，《中华基督教会年鉴》第11期，第7-8页。

32 伦李志爱：《家庭归主》，《道风》1936年第3卷第1期，第28页。

33 K. S. Latourette, *A History of Christian Missions in China*, New York: The Macmilian Company,1929,p.810.

34 *The One Hundred and Nineteenth Annual Report of the American Board of Commissioners for Foreign Missions*, Boston: The American Board, 1929, p.79; "China Now Control North China Mission", *The Christian Century*, Vol.XLVI, No.35, August 28, 1939, p.1068.

35 麻海如编，赵鸿祥译：《公理会小史》，天津，1935年，第16页。

三、华北基督教与五年运动

（一）基督教协进会与五年运动的发动

五年运动的发动与中华全国基督教协进会密切相关。基督教协进会成立于 1922 年，前身是 1913 年成立的中华续行委办会，为在华基督教新教差会的在华组织机关，以谋中国各基督教会、各基督教机关，表现团契精神，举办公意认为宜于合作之各项事业为宗旨[36]，但协进会不涉及各教会之教义与教政。时在华各大宗派基本加入基督教全国协进会。当时协进会共有 16 个公会参加，至 1937 年时有 30 万 6 千人信徒[37]，占据当时全国信徒的近六成，涵盖在华的浸礼宗、路德宗、卫理宗、圣公宗、公理宗、长老宗等主流教会。而从华北地区参加的教会情况看，则有中华基督教会、华北公理会、中华圣公会、美国南浸信会、友爱会、自立会、循道公会等教会参加，诸如内地会及部分本土教派并未加入协进会。

非基督教运动后的基督教会身处国家暂时稳定的发展环境，社会需要重建，政治渐有刷新景象。当时教会人士认为在华基督教会"就自身力量所及，以民众宗教团体之资格，尽力协助政府，贡献其所有创造的革新能力，使能实现澄清吏治，改革人心之热望。"[38]在此社会环境下，在华教会"痛定思痛，反求诸己，一方面感觉基督福音之纯真至善，一方面亦感觉到今日中国信徒之质量，必需再求深造，数量必需再求扩充，然后方能希望在疑谤丛集的环境中，肩荷宣传福音的重任而胜任愉快。情势推逼，呼声迫切。"[39]为了复兴教会，1929 年 3 至 5 月，中华全国基督教协进会先后在广州、沈阳、北平、武昌及上海举行退修会，在会上多次讨论教会复兴问题，五年运动的构想亦初具雏形。其中在北平召开的华北区退修会上，与会代表通过决议称："积极布道运动，期于最近五年之内，使现有的信徒至少增加一倍，并使加入教会的人，切实明了皈依基督的意义。"[40]同年 5 月，全国基督教协进会第七届年

---

36 《中华全国基督教协进会会章》，1933 年，第 1 页，上海档案馆藏，档案号：U123-0-22。

37 朱立德：《中华基督教协进会如何组织》，《圣公会报》1937 年第 30 卷第 12 期，第 22 页。

38 应元道：《一年来中国政治社会状况及其与教会之关系》，《中华基督教会年鉴》第 11 期，第 9 页。

39 孙恩三：《五年运动之发轫与进程》，《中华基督教会年鉴》第 11 期，第 1 页。

40 《各分区退修会议之议案提要》，《中华归主》1929 年第 99 期，第 9 页。

会在杭州召开，正式通过决议于 1930 年开始"五年奋进布道运动"，简称五年运动。因当时在华绝大多数教会都积极响应参加五年运动，故五年运动在当时教会内影响波及范围均甚大，为南京政府前十年时期内基督教会的头等大事。而五年运动虽然由诚静怡等本土教会领袖筹划，但协进会又注重发挥在华传教士的作用，"希望在中国各差会传教士竭尽所能的去帮助五年运动的开展，提供各种适合的建议。"[41]而实际在五年运动开展过程中，各在华教会西教士也积极配合指导了运动的进行。

（二）五年运动在华北

基督教协进会决定发动五年运动后，向全国各公会去信征求五年运动开展意见，华北各教会也积极筹备五年运动，成立专门机构实施，并制作五运手册。以华北公理会为例来看，1929 年 7 月，山西公理会召开山西基督教领袖夏令会，专门讨论如何开展五年运动。是年 7 月，华北公理会还在通县潞河中学召开退修会，长老会，伦敦会也有会员出席，决议请各公会成立河北省五年运动常备委员会及执行委员会，并指导各地方教会组织区分会。[42]为配合运动的开展，华北公理会设置五运执行干事部，以总干事，宗教教育干事，识字事业干事，家庭事业干事，少年事业干事及文字事业干事六人组成之。并规定总干事须以全部时间，致力五年运动。其余诸人，亦须至少以全部时间三分之一，为五年运动之用。在该会华北工区内七大中心地点，即天津，北平，保定，德州，临清，德州，太谷，汾州，各设五运通讯员一人，以收联络呼应之效。而当时的青年会也积极配合五年运动开展，青年会全国协会认为"吾会与基督教会素来密切合作，对此引人归主之空前大运动，自必力加襄助"[43]故青年会开数次会议研究该会对五年运动所负之使命，"将研究结果印成通告，分寄各市校乡会及劳工服务区，以便各地一律进行"[44]。当时全国青年会各市会、校会也积极与当地基督教力量联合，共同组织实行五运，尤其在教会青年事业中贡献颇大。总之，当基督教协进会决定发动五年运动

---

41 The Five Years Movement in China, *Council for World Mission Archives*,China General,1856-1939, Box,No.9,1930,No.64, Switzerland: Inter Documentation Co., 1978.

42 魏文举：《河北退修会与五年运动》，《华北公理会月刊》1929 年第 3 卷第 7-8 合期，第 16-17 页。

43 《关于基督教五年奋进布道运动之消息》，《同工》1930 年第 89 号，第 14 页。

44 《响应五年布道运动》，《女青年月刊》1929 年第 8 卷第 10 期，第 67 页。

后，华北各教会为了改善教会不振境况，全力配合了运动各项事工的开展，将在以下章节中详述。

　　五年运动的进程大致可分为三个阶段，自 1930 到 1933 年初为全力推行与中段评估；1933 年初到 1935 年初为终结和重估，1935 年以后是跟进和淡化期。五年运动于 1930 年 1 月 1 日正式发动，由诚静怡等具体策划，强调要从提高信徒的灵性做起，口号是："求主奋兴你的教会，先从我入手。"[45]五年运动的目的是为教徒质量与数量之增加，在杭州年会所定具体目标为："甲，为培养信徒对于基督有更深之认识，加密之团契，以大无畏精神，贯彻基督于吾人之整个人生。乙、实行此种扩大布道运动，希望于最近五年内，使现有信徒人数至少增加一倍。"[46]五年运动原定计划有六项：宗教教育、基督化家庭、识字运动、扩大布道、受托主义及青年事业[47]，为华北各地教会所倡导推行。五年运动发动后，起初农工问题并未被划入六大事工之一，也遭受到教会人士批评。他们认为："主的福音传不到工农群众去，基督教在中国是是没有基础的，受不起风浪的……若各大工业区的教会得不到工人的参加，各大农业区的教会得不到农民的信仰，那教会的前途很少希望"，[48]故到 1931 年，基督教协进会第八届大会召开时，又通过决议将基督化经济关系与乡村建设列为两大事工，从而使得五运的八大事工定型。而随着 1931 年九·一八事变的爆发，日本侵华步步进逼，教会也更加关心国家命运，故教会救国运动也自觉地与五年运动相融合。时各基督教在华出版机构还印制了大量五运宣传品、图画、标语等，配合五运的开展宣传。如中国基督教圣教书会曾印有五运标语："宣传基督是我们爱国的最高表示，宗教生活与日常生活打成一片，宗教教育是教会的脊梁"等[49]，方便教徒对五运的理解。

　　在基督教协进会的统一领导下，华北各地教会也成立五运委员会，并设立布道、基督化家庭运动等专门委员会，积极推行各项事工。如华北公理会

45　中华全国基督教协进会刊行：《中华全国基督教协进会第十届大会报告》，上海，
　　1935 年，第 46 页。

46　"Objetcives of the Five Year Movement", The Bulletin of the National Christian
　　Council, No.42, June 15,1932,p.1, Conference of British Missionary Societies
　　Archives,Asia Committee, China,Inter Documentation Co., 1984,H6027.

47　Ronald Rees, "National Christian Council", The China Christian Year Book, Shanghai:
　　Christian Literature Society, 1935, p.196.

48　健吾：《续刊首语》，《工业改造》1930 年第 19 期，第 1 页。

49　《介绍五运之标语》，《暗中之光》1930 年第 1 卷第 11 期，第 2 页。

董事部布道股委员于 1930 年 1 月在北平灯市口公理会召集重要会议，讨论五运问题，该会议决定：以董事部全体组织为"五运委员会"代替布道股之五运常备委员，以期布道，教育，医务三方面全体动员实行此项运动；以一年半之时间为五运试行期，工作标准以先归对内，后归对外为原则；请求董事部认可组织"五运执行干事部"，并请转各众议会，各机关及个人允许为以下所推荐之人员，移其工作，注意于"五运"之实施，努力此项运动以期实行；[50]华北美以美会针对五年布道运动，也组织五运委员会，并规定每日正午为五运祈祷；组织特别委员会；有特别干事；筹备经济；奋发信徒作个人布道的功夫等事宜；[51]中华基督教会山东大会下辖 50 余堂会，也成立五年运动委员会，该会则请各堂会为此运动祈祷，并请会众五年内至少引领亲友一人归主，并发出刊物甚多，并制作了《山东五年加倍运动歌》在教徒中传唱。[52]

　　五运时期，基督教协进会印发的《五运手册》、《五运进展表》、《五运月份牌》等相关印刷品，也在华北教会发行。各教会通过散发印刷品，张贴标语等大规模的宣传，组织五运讨论会，推动了华北各地五运的开展。1930 年，为了调查教会的信徒人数，协进会还曾专门发放问卷，期望于 1932 年 7 月完成会友人数统计[53]，华北各教会也因之进行了教友数目的统计，以便五运教友数目翻倍目标的实施。华北教会内部，也多次召开会议，研究五年运动。如1932 年 3 月 23-30 日，山东临清公理会，武定圣道公会，大名宣圣会联合开五运研究会，协进会干事张福良、崔宪详、孙恩三应邀参加，到会代表 80 人，讨论五运具体计划，特别是注重乡村及识字运动；1934 年 11-12 月，华北教会还在山西太原、河北沧州、山东蒲台等地分别举行五年运动分区会议，总干事诚静怡等出席，活动有灵修演讲，分组讨论，个人谈话，与学生团体，宣教士聚会讨论等，以辅助各地对于五年运动有更明了认识，能更热切参加。[54]

　　在华北五年运动开展过程中，也不断根据局势变化，调整工作重心。如五运之初，协进会强调各堂会应因地制宜，集中某项事工，并设计了教会年

50 《华北公理会筹备五运》，《中华归主》1930 年第 105 期，第 14 页。

51 《美以美会华北年议要讯》，《兴华》1929 年第 26 卷第 36 期，第 27 页。

52 《山东大会五年运动委员会成立》，《中华归主》1930 年第 99 期，第 15 页。

53 " Recommednation Adopted at Binnial Meeting", The Bulletin of the National Christian Council, No.37, 1931, p.10, *Conference of British Missionary Societies Archives*,Asia Committee, China,Inter Documentation Co., 1984.

54 《华北五运促进会的消息》，《中华归主》1935 年第 152 期，第 17-18 页。

历，使教会事工进行时能有一致性和适应性。[55]1933 年协进会第九届年会召开时，因受国难加剧及经济危机影响，协进会要求五年运动加强领袖训练，并特别注重青年事业，农村事工及基督福音的社会性，制定了基督教社会参与计划。同年，协进会还对五运的开展进行了中期评估，在肯定五运成绩同时，也总结了各地经验。而华北教会教会人员前期比较积极，到后期也出现了懈怠情绪，特别是因五运涉及事工众多，教会内部对于工作重心是围绕在直接布道，还是社会福音工作上产生了争论。而华北教会在五运后期即过于强调农村重建、识字运动等社会参与改良实践，忽视福音传播，失去了其扩大布道初衷。

五年运动行将到期时，1934 年 4 月，协进会执行委员会会议，认为应根据对既往工作成效，再规定应否继续及如何继续方针。同年 6 月，协进会还向 19 个省份的 365 处教会派发 4 页的中英文问卷，调查五运的开展情况[56]。1934 年 8 月的协进会会刊《中华归主》上还征求各教会对五运意见，反映各教会五运开展情况，及对改进工作建议，并请各教会邮寄五运调查表到协进会。[57]通过各教会反馈发现，教会注重的方向多在灵性的奋兴及个人证道的热忱方面，而于量的方面：即教友人数的增加，则似尚未能有整个的注意。而五年运动到期后，协进会第十届年会于 1935 年召开时，五运委员会建议继续推行五年运动，此决议也获得通过，各地 94%的教会通讯员也有继续推行的要求[58]。诚静怡早在五运之初也提出："五年之后，不但不能止住，反而更要努力去作。"[59]虽然此后协进会继续强调布道、受托主义等事工，并由教会生活与事工委员会负责办理，但工作重点则是提倡教会合作。到 1936 年的协进会期刊《中华归主》中已无五年运动专门报道，后又随着抗战的全面爆发而无奈终止，仅有基督化家庭等少数事工仍然维持到 1941 年太平洋战争爆发。

55 "Objetcives of the Five Year Movement", The Bulletin of the National Christian Council, No.42, June 15,1932,p.1,Conference of British Missionary Societies Archives,Asia Committee, China,Inter Documentation Co., 1984,H6027.

56 "Fruit of Five Year Movement", The Chinese Recorder, January 1935,p.64.

57 《本会调查各地五运工作》,《中华归主》1934 年第 147 期，第 13-14 页。

58 Some Impressions of The Tenth Meeting of the National Christian Council of China, Shanghai, April 25-May 2,1935, p.5, Church Missionary Society Archive, Section I, East Asia Missions, Part 18, Adam Matthew Publications, 2001,Reel 387.

59 诚静怡：《五年运动的浅近说明》,《中华归主》1930 年第 102-103 期合刊，第 29 页。

　　从华北地区五运推行的结果来看，部分达到了教会初衷，当时协进会干事张福良曾总结几方面的成就："挂名信徒被清除——此乃中国教会发展必经之途；征服挫败感——标志着克服反基督教运动引起的恐惧；获得新的异象——基督徒自觉对社会国家的责任；教会有了较积极的态度和计划；传福音热诚在滋长。"[60]而这些成绩同样也能在华北教会的改变中可以体现，而从华北地区五年运动总体成果来看，虽然部分省份尤其农村地区成效显著，"教会得以日见振兴，信徒亦激增，旧观既复，繁荣渐至"[61]，但其前期宣传声势浩大，后期很多方案并无落实，颇有虎头蛇尾之意味。

60　Fu Liang Chang, "Progress of the Five Year Movement", *The Chinese Recorder*, July 1933, p.430.

61　《奋进布道大运动》，《兴华》1937年第34卷第19期，第10页。

第二章 基督教在华北的扩大布道

　　近代基督教来华传教初期，布道主力多是外籍教士，中国布道员只起到协助作用，普通教友更不参与布道，但教徒自传为实现中国教会本色化最根本之所在。五年运动发动后，时人即称为中国基督徒自传运动，激励当时对教会事务冷漠的教友，承担起救国救人的社会使命，教会只有自传，方能自立自养。五年运动首要目标即是意图在五年内使教友人数翻倍，故大力拓展布道事业，发展教徒，使广大教徒参与福音传播，本土布道员更是身担重责，成为此次运动的重中之重。本章则探求1927-1937年特别是五年运动期间华北教会为推进布道复兴所作的努力，分析其布道人才培养及个人布道、群体布道等多种改进或新兴的布道形式，探究中国教会为推动布道自传所做的努力，以求认识此时期布道事业的特点。

一、扩大布道的背景

　　非基督教运动后，受到冲击的中国教会，布道工作处于停滞不前状态，除了外部环境影响外，还与传教士与本土布道员素质有关。如1930年美国平信徒调查团在华调查时，发现来华宣教士"无创造能力，东方教会如何守旧落伍，只贩运西洋的教父的思想，呆板的，模型的，灌输于东方民族思想之中，无丝毫效力，不感受兴趣，牧师所讲之道理，纯是洋化的，不能应付学生之问题，及乡村农民之需要。"[1]而从教友情况看，部分教友也因各种原因退出教会，导致教友人数减少。如临清公理会从之前的教友1300余名，到1930

1　任百川：《读宣教事业平议的感想》，《鲁铎》1935年第7期，第21页。

年各堂会教友只剩下共 704 人[2]。该会教友之所以减少如此之多，也有多重原因，"该会南境比邻通圣会，每见该会牧师去来乘坐汽车，应酬尊爵贵客，出入衙署，为此瞻观势力，谋求事工起见，亦舍此就彼；还有许多教友，自入教后，恒不一到礼拜堂，对教友并无丝毫往来，对教会不曾捐一分钱；也有许多幼年男女学生们，一拥受洗，在校时循规听道，离校后各自谋求，难见他们对道的追究；还有地方教友因他教会建筑雄伟，规模宏大，是为谋求情故，多去该教会联络，虽多方劝导，意纳于圣道正轨之中，事属难能，因此割让放弃。"[3]而华北其他教会也因反教运动，教会自身消沉、世俗诱惑等原因，皆有教友退教现象发生，教友人数呈下降态势。当时中华基督教会全国总会也提到："有若干的基督徒，受试练而信心动摇，烦闷，悲观，以致与教会脱离关系。"[4]

当时华北众教会不仅教友人数减少，而且部分教友在灵性生活上意识淡薄，没有彻底了解基督，在礼拜上重仪式，不重虔诚，责人不责己，因受刺激而反教等，严重影响了基督徒在教外人中的形象。同时，"有许多的信徒是遗传来的，他们的父母离弃偶像，归向活的上帝的事，他们没有灵性上的经验，在基督教里，也没有找着那应付他们经验和需要的东西。"[5]当时中国教会内部更出现了"神形不一的基督徒"，他们虽然受洗入教，却不愿进入教堂，参加教会礼拜等宗教仪式，只是挂个基督徒的虚名而已。同时，非基督教运动的冲击也造成教友在教会生活上的低沉，如当时美国平信徒调查团报告也指出中国教会的教友退出教会，"并不是因为被教会斥革的太多或教会的规矩太严，而是因为对于他们对教会没有兴趣或缺乏热忱，同时又为世俗所引诱的缘故。"[6]在此形势下，五年奋进布道运动决定推行扩大布道事业，追求教友数目翻倍同时，同时提高教友的灵性生活。

2　石福堂：《我因本教会的情况而有的感想》，《华北公理会月刊》1930 年第 4 卷第 7 期，第 15 页。

3　石福堂：《我因本教会的情况而有的感想》，第 15-16 页。

4　《中华基督教会全国总会续行委员部第五届年会记录》，1932 年 11 月，上海档案馆藏，档案号：U102-0-7-[3]。

5　华勒士：《五年运动的第一目标》，《兴华》1929 年第 26 卷第 43 期，第 6 页。

6　*Report of the Commission of Appraisal of the Laymen's Foreign Missions Inquiry*, New York, 1932, p, V-11.

自近代传教士入华以来，长期存在的"吃教"现象屡为教内外人士诟病，鉴于各教会教徒质量良莠不一，五年运动则对教友进行重新登记，不只注重信徒数量的增长，而是更加注重信徒质量，防止教会中进入滥竽充数之徒。正如燕京大学教授赵紫宸所言："五年运动的目标是'倍增'必兼'倍深'，倍增而不倍深，倍增就是罪恶。倍增与倍深具，方是事体。"[7]中华基督教会全国总会续行委员会1930年也通过决议，指出："本会更认定五年运动之目标，固在基督徒人数之激增，尤在基督徒灵修之孟晋。故必统筹兼顾，务使基督徒之量与质，同时增长增高，无或畸于轻重"[8]。由此可以看出，当时教会注意到了不能盲目追求信徒数量，同时更应保证信徒的素质。

基督教协进会为推进五运布道工作，1931年4月，协进会第八届大会举行时，又通过布道事业决议案：建议调查各地教友情况，组织分区布道研究会，在1932年召集全国布道会议，请各地布道领袖协助教会布道工作，敦请国外素有资望之领袖来华协助等。[9]在此次大会上，协进会还将"布道与退修委员会"改称为"灵修与布道委员会"，作为指导布道工作的专门机构，后于1935年又改称"教会生活与事工委员会"，为五年运动时期管理布道事业的领导组织。协进会还组织全国五年布道的常备委员，由协进会向各公会征募人员，组织干事部，与奋兴布道团推行布道运动；刊发专门的布道文字以助进行；筹募布道特款，以作宣传之用；通告国内外信徒，特为此项运动祈祷。[10]

在协进会的统一筹划下，华北各教会都组织了类似的布道委员会，作为各地布道工作的指导管理机构。当时布道委员会一般由八人组成，主要任务是传教，除在县城总教堂主持每周一次的礼拜和其它一些宗教活动外，还须派出布道游行干事，在各布道所巡回领礼拜、讲经和发展教徒。如1932年，山东浸礼会将布道部改为布道委员会，由区联大会公推，中西限制取消，女布道事业一并收入，布道事工由此统一，完全由区联大会主持；华北圣公会教区则设传道部，有主教，议会会计员，男圣品2人，女会吏或女海道者一人，男女信徒各2人组成[11]。就布道的人员看，近代教会入华后，无论是当时

7　赵紫宸：《五年运动者应有的觉悟》，《真理与生命》1930年第9卷第4期，第5页。

8　《五年运动》，《总会公报》1930年第2卷第3期，第377页。

9　*The Eighth Meeting of the National Christian Council of China*, Hangchow, April 10-17,1931,p.18.

10　《今后五年的布道计划》，《兴华》1929年第26卷第23期，第12页。

11　《中华圣公会华北教区宪法规例及附则附录》，北平，1934年，第8页，上海市档案馆藏，U104-0-50-1。

向社会传教还是组织教徒的活动，初期都要靠一批职业的传教士来完成，但外籍教士数量有限，且语言不通，故着力培养本土助手。到了民国时期，随着各地神学校培养学生的数量增多，本土布道员逐渐构成布道骨干，数量相对较少的传教士转而退为指导地位。据 1934 年统计，"山东圣公会有传教士 28 名，中国布道人员 66 名；山西浸礼会有传教士 29 名，中国布道员 50 名，华北美以美会有传教士 55 名，中国布道员 156 名；华北长老会则有传教士 54 名，中国布道员 222 名；只有少数差会因布道员培养不力，传教士占据多数，如华北圣公会时有传教士 48 名，中国布道员仅有 39 人，华北伦敦会也是有传教士 48 名，中国布道员 39 人。"[12]故在五年运动时期，在提倡教会自传的背景下，多数教会中专职布道员与平信徒也都成为了布道的主力，传教士多处于指导的地位，两者人数也远多于传教士数量。

二、布道人才之培养

在近代中国恶劣的政治及社会的环境下，本地传道助手对来华传教士则是不可或缺。故近代传教士来华后，相继设立圣经学校及神学校，培训中国本土布道员，但传教士仍在布道中发挥主要作用。正如当时基督人士所言："夫西人传道于吾，非欲吾崇奉之，依赖之，而已彼为归宿，实欲作我介绍，使我为主直接之仆，作证于诸同胞之前也……是以布道于中国，欲收绝大之效力，吾华人固不得难辞其责。"[13]五年运动中，因传教士来华人数的减少，"从 1927 年的 8250 名，到 1930 年时已锐减到 6346 名"[14]，加之传教重心向农村民间转移的呼声甚高，急需大量中国布道员加入。世界基督教协进会会长穆德（J. R. Mott）在 1929 年来华演讲时，亦说："有感于教会目前急需的，便是精明强悍的领袖人才……还有一种需要，就是养成一般基督教申辩的演说家和著作家，及传道者三种人才。"[15]

长期以来，传教士因种种原因不愿或不能放手让本土教徒管理教会，而遭受教内外人士批评。而平信徒之训练乃教会自治之基础，五年运动发动后，

---

12 C.L.Boynton, C.D. Boynton （ed）, *The Handbook of Christian Movement in China under Protestant Auspices* ,Shanghai: Kwang Hsueh Publishing House,1936,pp.14-86.

13 中华续行委办会：《中华基督教会年鉴》第 1 期，上海：商务印书馆，1914 年，第 75 页。

14 C. L. Boynton, "Missionary Staff in China", *The China Christian Year Book,* Shanghai: Christian Literature Society, 1937, p.459.

15 穆德：《扩大布道的呼声》，上海：中华全国基督教协进会，1929 年，第 26 页。

故协进会已开始着重培养本地基督徒。传教事业的发展，往往需要本地传道人能独当一面地应付工作，故此对他们的知识和能力的要求亦相应增加。当时中国布道员的文化素质也不高，"据调查所得，现在所有的布道员三分之二不够中学程度，还有些布道员连高等小学的资格也没有"[16]，布道多是老生常谈，无法适应布道的新形势。故基督教协进会中对培训事业加紧工作，除了原有的专门培养布道员的神学校外，还专门在各地开办平信徒训练班，开设圣经知识并曾研究说法、教会管理、议会规则、科学常识，卫生常识等课程。而受训之人数，则以河北保定为多，因保定数年前，曾广设平民识字班。"今虽改为平训班，惟其入班人数仍是有加无减。故每年冬初须举办领袖培训一个月，后将此种领袖分发各村担任初级平训班教授之职务。计每冬设班 200 有奇，受训者 3600 余人。"[17]此训练班亦在其他各会所倡办，内容涉及宗教、乡村工作、卫生等内容。如山西太谷公理会每年夏季即举办布道人训练班，"延请名人专才，实施训练，据经验者言，日期虽短，得益其长。"[18]山西汾州公理会对于平信徒训练则分初、高级两种，教以圣经、基督教义及农业家庭知识，"初级以各教会为单位，召集本会教友，有二三礼拜的训练；高级以一区为单位，召集初级学道班的毕业教友，有四五礼拜的训练。"[19]鉴于当时教会经费紧张，教会一般只负责学员的住宿，饮食由学员自理。如当时华北公理会布道委员会即规定："平信徒训练时可自备米面菜蔬，所需之柴草等油由布道委办代备，本地教会可筹备全班人等之住处。"[20]

此时期，退修会也为培养布道人员的重要方式，"为磨砺心灵之利器，使人能深切晤对上帝，得其默示。"[21]故自提倡以来，盛行各地，为各地教会尤不可缺少活动，其于五年运动中所举行者，无不收获颇多，协进会布道与退修委员会所印发的《退修会举隅》也畅行各地。"在 1930 年的协进会所调查

---

16 李树秀：《从社会学的目的说到五运应做的事工》，《鲁铎》1930 年第 2 卷第 2 号，第 22 页。

17 张横秋：《华北公理会两年中特殊之发展》，《中华基督教会年鉴》第 13 期，第 50 页。

18 《山西太谷基督教众议会事工报告书》，太谷，1931 年，第 12 页。

19 冯健庵：《晋汾教会五运工作第一声》，《兴华》1931 年第 28 卷第 5 期，第 7 页。

20 《布道组内的建议》，《华北公理会月刊》1930 年第 4 卷第 9 期，第 31 页。

21 中华全国基督教协进会刊行：《中华全国基督教协进会第八届大会报告》，杭州，1931 年，第 47 页。

16 省 57 教会中，已有 45 个教会均已有退修会之召集。"[22]时退修会大致有两种，一为工作人员，多注重研究教会之种种问题，一即为普通信徒，多注重查经、灵修及灌输宗教知识。关于时间长短问题，主张一礼拜者为最多，二三日者次之。如 1934 年夏，"山东中华基督教会中四区男女工作人员及中等以上在校青年学生都百余人，举行夏令退修会，于青州区会院，讨论基督徒的灵性生活及教会建设问题，开会八天。"[23]而退修会对布道人员及信徒帮助亦甚大，"有相互切磋之益，得灵性奋兴之功，消除个我偏见，对于得救把握更坚确。"[24]此外，针对当时本土布道员的质量层次不一现状，五年运动还特别注重布道员素质的提高，对其进行综合的考察培训，并制定修养省察、研究圣经、参加公祷、表率家庭、实行服务、个人布道等六大提高个人灵性的方策。时教会人士专门针对布道人员提出十大考量标准："品行、学识、演讲口才、公德心、毅力、勇敢、应变、怜悯心、牺牲、正直聪明。"[25]而对于其中的鱼目混珠者，教会即坚决辞退，以保证其发展信徒的灵性。

五年运动在培养一般布道人才的同时，也特别强调教会领袖在布道中的作用，"凡是一个教会的领袖，应该明确他自身就是一个个人布道者的领袖，所以他的惟一工作就是在鼓励一切的信徒，和他的一同致力于此。倘若在他的同工中，有人缺乏这种精神，他就是更应该用实际的模范，友谊的规劝，及自身所得的经验，以及感服他，使他一同热心于个人布道的工作。"[26]五年运动虽然接受了外国人的协助，也在早期接受较多的外国捐款，并受 1928 年耶路撒冷大会的启发，但整个运动的筹划，都是由诚静怡、张福良等中国领袖负责。时教会人士也曾言："五运不是他人为教会提倡的一种运动，乃是教会凭着自己的领袖人才，自行提倡的一种运动。"[27]五年运动开展诸多事业对于中国教会的贡献颇多，其中的一种贡献，即为本土新领袖人才之发现，这也是教会实现自治的根本。五运期间，中国本土基督徒领袖等不但投身研究与五运有关系的各项问题，并利用著作、演讲、劝导与广交，使这些问题能

---

22 孙恩三：《五年运动之发轫与进程》，《中华基督教会年鉴》第 11 期（肆），第 4 页。

23 张乐道：《青州夏令退修会的回顾》，《中华归主》1934 年第 149 期，第 10 页。

24 孙恩三：《五年运动之发轫与进程》，《中华基督教会年鉴》第 11 期（肆），第 4 页。

25 罗兴华：《我对于"五运"一个贡献》，《通问报》1930 年第 4 号，第 2 页。

26 谭文纶：《个人布道》，上海：中华全国基督教协进会，1930 年，第 30 页。

27 鲍引登：《五年运动》，《中华基督教会年鉴》第 12 期，上海：中华全国基督教协进会，1934 年，第 17 页。

为全国教会人士所注意。为使各地教会人士解释五运起见，他们曾遍访十余行省，其中除甘肃、广西、贵州、云南等省未经访问外，其余虽远如东三省、广东及四川，亦均有涉足，使五运思想为广大教徒所熟知。时基督化家庭运动也为五年运动的重要事业之一，因运动几乎遍布全国城乡，故对家庭事业领袖的需求量非常大，但是"教会各部工作，每感缺乏人才。其能以牺牲服务精神作事者，尤不多见，"[28] 为解决教会人才急需的问题，领袖训练自然而然就成为基督化家庭运动中的重要问题。领袖训练的方式主要有领袖训练会，短期学校，短期研究班，例如北平卧佛寺的华北区儿童与家庭宗教教育研究会议，对家庭领袖进行培训，讨论农村教会、城市教会等各种家庭问题。教会领袖通过培训可了解基督化家庭运动的重要性及开展意义，然后依据当地家庭的急需，研究、实施、促成基督化家庭运动方案，这对他们回到所在教会的开展基督化家庭运动大有裨益。

值得注意的是，五年运动不但要求布道人员传播福音，也非常强调教会与国家、社会的结合，认为教会应负起应有的社会责任，参与国家建设。时基督徒领袖吴雷川曾言："从现在看来，中国新的事业而又为基督教可参加的，没有比民众教育和乡村自治两样更为重要的了，照此方向去进行，方是基督教中国化，也是使中国基督教化。像以前那样教会自恃过高，不与各界人联合，以致养成一般基督徒远离社会国家和现象，决不能适宜于新中国，这是可断言的。"[29] 当然，我们也应当看到，时五年运动虽有中国教徒的广泛参与，但除少数的自立教会外，大部分的教会仍由西方传教士所管理，教会自治之路远未达到。

三、个人布道之提倡

五年运动发动后，时人即称为中国基督徒自传运动，激励当时对教会事务冷漠的教友，承担起救国救人的社会使命，教会"只有自传，方能自立自养，自传就是自立自养。"[30] 而自传为实现中国教会本色化最根本之所在，"自传使教会果能自养自治，则自立之基础已立；基础既已奠定，尤贵能于此基

---

28 《华东区基督化家庭运动领袖研究会报告书》，上海，1930年，第83页。

29 吴雷川：《对于提倡中国基督教五年运动的我见》，《真理与生命》1930年第9卷第4期，第15页。

30 祖起舞：《基督徒五年倍进运动》，《真光杂志》1930年第29卷第4号，第22-26页。

础之上，大加建筑而扩张，务期我全国同胞，均有机缘，领悟真道；如果能有推广力，传布力，以传主之福音，渐迄全国遍处，而教会之自立，方可谓完全无缺矣。"[31] 然自西方差会踏入华夏大地以来，传教士始终是传播福音的主力，其培养的中国布道员除少数牧师外，一般从事助手的工作，普通的教徒更是只被动接受，而无自觉传播福音意识，"在教会中，除了作礼拜，捐款，学习祈祷以外，就算尽了教友的本份"[32]。为培养教徒的自传意识，五年运动异常重视教徒的灵性修养，1929 年出席杭州会议的教会领袖一致认为："任何的进步必须基于基督徒本身灵性的复兴，而与会者皆有特殊的责任，藉有更勇敢的基督徒生活去传扬福音。"[33] 穆德在演讲中也认为必须发的平信徒传播福音，因为"在平信徒的教会内，尤当给以一种解放，所以有此迫不及待之需要的，因为专靠少数的领袖，推广教会的事业，其力量究属有限。"[34]

基督教协进会发动五年运动，也看到单纯依靠传道人布道的弊端，"范围太狭，效果不大"[35]，故强调平信徒乃是改变世界的重要力量，有责任宣传福音，而非单是在教会挂名。同时，此时期随着民众受教育水平提高，基督教布道也面临着普通民众思想变化的新形式。"乡间一般青年，思想与前大不相同。无神思想甚是普遍，其中尤以高小及中学生中毒最深，而壮年人染金丹白丸之癖者甚多"[36]，故传统的庙会、集市布道的效果甚微，急需发动个人布道力量感化民众。五年运动希望所有平信徒都参与传播福音，每个信徒每年至少能引导一人起信皈依基督教。诚静怡也对五年运动充满憧憬，寄予厚望，"务求每一个堂会及每一位信徒，都能有贡献于这全国性的属灵复兴。"[37] 时任燕京大学教授的赵紫宸也对个人布道持乐观态度，曾云："一人兴，必能影

---

31 张西平、卓新平主编：《本色之探：20 世纪中国基督教文化学术论集》，北京：中国广播电视出版社，1999 年，第 356 页。

32 戴淑明：《我对于基督徒应任义务布道的几句话》，《金陵神学志》1932 年第 14 卷第 3 期，第 24 页。

33 E. C. Lobenstine, Regional Retreat Conferences, *The China Christian Year Book*, Shanghai: Christian Literature Society, 1929, p.216.

34 穆德：《扩大布道的呼声》，上海：中华全国基督教协进会，1929 年，第 29 页。

35 《本总会致堂会诸公的一封公开信》，《总会公报》1929 年第 1 卷第 10 期，第 293 页。

36 雷海峰：《华北教区教士退修会纪略》，《圣公会报》1930 年第 23 卷第 22 期，第 14 页。

37 C. Y. Cheng, "An Interpretation of the Five-Year Movement in China", *International Review of Mission*,1931,p.177.

响他人，至少也能影响一人，人人兴，则一年之内，即可达到五年运动的目的了。"[38]而中华基督教会全国总会也在致各堂会公开信中对个人布道给予形象比喻："这个个人布道的方法，好比强国的征兵制，常备之外还有后备，一旦有事，动员令下，可以全国皆兵，向前杀敌致果。"[39]教会人士还针对个人布道方法、步骤及注意事项进行详细说明，发表于协进会主办的《中华归主》期刊上，以供教徒参考，大致程序如下：注重祈祷的预备；应有缜密的调查；对于个人布道员的训练；分期工作的办法；分配工作的方法；应当重视协力合作；应规定每期的期限；应有报告和讨论的集会；会议时应备记录；卡片登记；表格的比较；个人布道的善后方法。[40]当然教会注重个人布道也有改善教徒成分的考虑，时城市或乡村教会礼拜堂信徒大多为下层民众，"教会单用个人布道方法，方能感动在社会中最有声望之人。"[41]与之相回应的则是当时中国最高领导人蒋介石在 1930 年 10 月于上海由美国监理会的江长川牧师为其受洗入教，此举极大鼓励了在华基督教会布道热情。

个人布道作为传播福音最有效之方法，也为全国各教会所积极倡导，"亦有抱牺牲之精神，随时随地为主作证，获得不少之效果也。"[42]五运时期的个人布道，注意祈祷与退修，以焕发灵力，并训练信徒，以言行及文字等，实行个人证道为入手，然后再相机进行扩大之组织宣传，如灵性修养、个人修养、个人奋兴、小组活动、退修会等皆是布道形式。此外，各教会还成立许多个人布道团，布道的对象即是个人，其布道的方法是每日对人谈道，引人到教堂听福音，送福音单张及刊物等等，其工作较有成效。具体个人布道方式而言，又分奋兴式、表证式、教育式三种，尤以表证式为平信徒广泛采用。"表证式的布道，是把个人灵性经验对个人或群众亲切说明，语语有力，深入人心。此法注重布道者的表证与受道者的决志，较奋兴布道更有力量。"[43]

38 赵紫宸：《编辑者言：五年运动》，《真理与生命》1929 年第 4 卷第 7-8 期合刊，第 4 页。

39 《本总会致堂会诸公的一封公开信》，《总会公报》1929 年第 1 卷第 10 期，第 293 页。

40 朱立德：《对于个人布道事工的几个建议》，《中华归主》1930 年第 107 期，第 6-7 页。

41 罗聘三：《五运成功端赖个人布道》，《兴华周刊》1933 年第 30 卷第 4 期，第 5 页。

42 孙恩三：《五年运动之发轫与进程》，《中华基督教会年鉴》第 12 期，第 3 页。

43 中华基督教会全国总会编刊：《中华基督教会全国总会第四届总议会议录》，青岛，1937 年，第 160 页。

　　当时华北各教会也积极提倡个人布道，华北各教会成立许多个人布道团，布道的对象即是个人，其布道的方法是每日对人谈道，引人到教堂听福音，送福音单张及刊物等等，其工作较有成效。具体个人布道方式而言，又分奋兴式、表证式、教育式三种，尤以表证式为平信徒广泛采用。"表证式的布道，是把个人灵性经验对个人或群众亲切说明，语语有力，深入人心。此法注重布道者的表证与受道者的决志，较奋兴布道更有力量。"[44]从教会的具体个案看，山东教会曾在信徒中散发五年加倍运动志愿证，要求教徒不论对于亲戚、邻舍人家，在五年之内，至少要领一人信主，更要为此恒切祈祷[45]；天津伦敦会的个人布道则注重个人的生活与所谈论的宗教相符合，"并随意摘取圣经文或富于宗教经验之人生的写真等作品，以供给其需要，务在理智与情感两方面使人感觉满足。至人发生信仰后，再依照入教程序进行"；[46]天津循道会的华人信徒也积极参与个人布道，1933年时曾组织了50支布道队，在城镇及附近村庄义务布道[47]；天津青年会也提出个人布道，凡会员到会所者，或干事外出拜访会员时，乘机与之交谈，直接间接加入教会或受感入教者，颇不乏人[48]；而北平远东宣教会提倡个人布道的办法则是，若在聚会时，当讲道完了，无论传道人或信徒总是在讲堂或客厅，做个人的布道。该会谈到效果时说："多少时候用讲台上的讲道不能打动人心，然而做个人布道时，一切的问题皆得容易的解决。个人布道，无论任何人都能会做。一般平信徒或者不能站在讲台上讲一篇道理，若有他明确的属灵经验，却能做个人布道。"[49]1937年4月于在汾阳召开的华北公理会第二十三届董事部年会上，公理会鉴于教友增加缓慢，还提倡"一一工作"，即每位信徒应发展一名信徒，此所谓一得一之个

---

44 中华基督教会全国总会编刊：《中华基督教会全国总会第四届总议会议录》，青岛，1937年，第160页。

45 《山东五年加倍运动志愿证》，《总会公报》1930年第2卷第3期，第379页。

46 中华基督教会全国总会：《中华基督教会全国总会第四届总议会议录》，青岛，1937年，第78页。

47 Report of the Evangelistic Work in the Hopei Sub-District, 1933,p.2, *Wesleyan Methodist Missionary Society Archive*, Synod Minute, Box,No.507, 1934-35, No.218, Inter Documentation Co.,1981.

48 《天津基督教青年会事工报告，1933年》，天津，1933年，第10页，上海档案馆藏，档案号：U120-0-256-1.

49 周维同：《远东宣教会的布道法如何（二）》，《暗中之光》1934年第5卷第3期，第6页。

人布道。[50]华北救世军个人布道则规定军官每日作 3 小时拜访，工作分两种，一为到望道人家中作短时的谈道，读经，祈祷；二是到非信徒家中作个人布道，约请被访之家，来堂听道，往访非基督徒及看护病人等。[51]而从当时个人布道相关工作人数看，也相当可观，如华北美以会京兆教区 1933-1934 年同工拜访教友 1580 次，个人谈道 1372 次。[52]因面对的布道对象不同，时教会也因人而宜，制定了不同的布道方法。如华北伦敦会对于思想智识简单的人，少讲理论，不识字的人更是如此，"多注重耶稣基督之热烈情感或藉快字或千字课引其得到读圣经的兴趣。其余各种方法皆随随机应变，以期达到使人信仰耶稣，作其忠诚信徒为目的。"[53]此外，在教会学校中也有个人布道工作，如天津中西女学曾发起"个人归主的小团体运动"，鼓励学生劝人信道。

自基督教入华传教以来，文字布道即为各国传教士所倚重，在华出版有大量报刊及基督教书籍，以促进基督教的传播。"信道由传道而来，传道不仅专凭口舌，尤须文字鼓吹。文字宣传功效卓著，种类虽多，尤当注意圣经之解释与分散。"[54]因五年运动极力推行扩大布道，乡村建设及基督化家庭等运动，需要印刷大量相关材料，故文字工作位置极其重要。五运之初，协进会即十分重视文字事业，通过撰著宗教论说、编辑宗教书报、著作宗教诗歌、印刷宗教劝世文、廉价发售圣经等多种形式[55]，以配合运动的开展。尤其是该会刊行关于个人布道之单行本，如《个人布道的研究》、《对于个人布道事业的几个建议》及《个人布道》等书，各地教会均已采用，各书均已再版三四次之多，足见其对于个人布道之注意。此外，协进会还编印《五年运动的浅近说明》、《扩大布道的呼声》、《受托主义》、《五年运动与基督化家庭》等数

---

50 《华北公理会华北基督教公理会促进董事部第二十三届年会》，汾阳，1937 年，第 12 页，上海档案馆藏，档案号：U115-0-13。

51 袁永晟：《救世军华北区域工作概况》，《中华基督教会年鉴》第 9 期，上海：中华全国基督教协进会，1927 年，第 164 页；《救世军在华成立》，《救世报》1933 年第 179 号，第 8 版。

52 华北美以美会：《华北美以美会四十二次年议会议录》，天津，1934 年，第 379 页。

53 中华基督教会全国总会：《中华基督教会全国总会第四届总议会议录》，青岛，1937 年，第 78 页。

54 中华全国基督教协进会：《华东教会五年运动计划》，上海：中华全国基督教协进会，1929 年，第 3 页。

55 林佳声：《五年布道运动对外计划（续）》，《兴华》1930 年第 27 卷第 31 期，第 10 页。

十种小册子，其中尤以基督化家庭、布道两类书籍居多，配合布道工作的开展。据诚静怡 1931 年报告，"基督化家庭相关册子已售出或散发 91000 册，在 23 个省的 215 个城市传播。"[56] 而到 1934 年，"与家庭有关的书刊单张，销售量便超过 30 万册，其中超过四分之三是在教会中售出。"[57] 基督福音册子及单张销量同样可观，1934 年协进会所举办布道周，加拿大差会文字部要求翻印协进会福音单张。"在华西派发 25 万份，而上海一地则售出 26 万张。"[58] 再以华北美以美会山海关教区为例，据其 1934 年报告，"全区售福音书 21400 本，散发福音单张 65450 张"。[59] 而此时期圣经和基督教书刊数量更是惊人。"1928 年到 1936 年计算，那是中国教会有史以来印售圣经最多的时期，平均每年达 1 千万本，较前期多一倍。"[60] 从每年具体销量来看，"1927 年出售新旧约圣经 22419 册，1930 年即增到 43593 册，到 1932 年销量更是达到 63224 册。"[61] 而大量基督教册子的印行，也增强了教徒的自觉意识，对扩大基督教的传播大有益处。当时上海的教会报纸《通问报》也响应五年运动，要求读者"每人一年内至少介绍一人，购阅本报，藉以推广主道。"[62] 五运的一大不可忽视贡献即为出版大量书刊，增进会友的识字与灵修能力，使信徒和领袖都同受其益。

此时期除了中国基督徒的自传外，艾迪、穆德、龚斯德（E. Stanley Jones）等著名的外籍教士来华宣道也是扩大布道的重要形式。世界基督教协进会会长、美国著名布道家穆德于 1929 年第八次来华期间，即受协进会邀请，在北京、武昌、杭州、南京和上海等地退修会上，到处演讲布道。特别是在武昌的退修会上，诚静怡提出开展"五年奋进运动"号召，穆德在会上作题为《扩大布道的呼声》专题演讲，不仅表示了对五年运动支持，而且通过亲自宣教演讲，为五年运动开展献计献策。1931 年 9 月，青年会则邀美国布道家艾迪

56 C. Y. Cheng, "An Interpretation of the Five-Year Movement in China", *International Review of Mission*,1931,p.185.

57 Fu Liang Chang, "Progress of the Five Year Movement", *The Chinese Recorder*, July 1933，p.432.

58 "Five Year Movement", *The Bulletin of National Christian Council*, No 51, p.9.

59 华北美以美会：《华北美以美会四十二次年议会议录》，天津，1934 年，第 383 页。

60 萧楚辉：《奋兴主教会——中国教会与奋兴布道运动初探》，香港：福音证主协会证道出版社，1989 年，第 44 页。

61 《新旧约六年来在华推销的比较》，《兴华报》1933 年第 33 卷第 20 期，第 4 页。

62 《本报五年运动之报告》，《通问报》1930 年第 17 号，第 1 页。

来华作巡回演讲，一直持续到 1932 年 1 月 26 日。艾氏在华期间，曾到北平、济南、天津等地演讲，内容涉及中国及世界危机、个人及社会罪恶、上帝与基督、宗教修养等。1934 年 9 月至翌年初，艾迪再次来华布道，走访太原、北平、天津等城市，仍作布道演讲，听众颇多。然而艾迪布道看似声势浩大，但却有只重视教徒数量之嫌，"过分情感化，利用青年人的爱国心理，只有意铺张数字，重量不重质。"[63]当时更有王明道等本土布道家，批评艾迪并不是传福音，而只是在演讲迎合听众心理的论调。他们认为艾迪演讲取得的引人入教，"不过使教会中更多增加一些不信基督的基督徒，使教会更加世俗化得快一些罢了。"[64]印度著名布道家龚斯德 1932 年也应协进会邀请来华布道，目的有三："奋兴教会与灵性生活；教会同道研究宣传福音的方法 ；与非信徒青年谈道。"[65]时龚氏在北平、济南等城市布道，每晨与教会领袖开会，专事研究布道目的方法，每日下午晚间与学生开会，有时举行大规模的演讲，"其经验对中国布道员帮助甚大，不少基督教团契随后在演讲城市中兴起。"[66]此外，日本著名奋兴布道家贺川丰彦（Toyohiko Kagawa）也曾来齐鲁大学及山东潍县等地讲道，宣扬社会福音。外国布道家的来华布道，也带动了中国教会的复兴，振兴了信徒低沉的情绪，推动了他们参与布道。

四、群体性布道之兴盛

五年运动发动后，使中国教会重新有欣欣向荣之象，各地奋兴运动接踵而至，既有大规模之联合运动，亦有宋尚节、王明道等个人主领者，成绩卓著。而基督教协进会除了号召信徒引领非教徒归主外，在布道方式上已突破传统的乡村巡回布道、教堂布道、集市庙会布道，而是采取新春布道、帐篷布道、联合布道、奋兴布道、家庭布道、文字布道等多形式的群体布道传播福音，也被华北各教会所推行，共同推进了中国教会复兴。

在此时期，协进会特别注重利用各种节期，积极举行布道运动，如春节、受难节、复活节、圣灵降临节及圣诞节等，同时于《中华归主》月刊上极力

---

63 徐宝谦：《"五年运动"目标的讨论》，《真理与生命》1930 年第 4 卷第 12-13 合期，第 3 页。

64 《艾迪博士是传福音的么》，《灵食季刊》1934 年第 32 册，第 68 页。

65 崔宪祥：《布道》，《中华基督教会年鉴》第 12 期，第 48 页。

66 Fu Liang Chang, "Progress of the Five Year Movement", *The Chinese Recorder*, July 1933, p.431.

宣传，均见进步，尤以新春布道效果甚大。当时华北各教会利用中国农历新年，利用各界假期举行新春布道，宣传福音，劝人归主，成绩甚好。时各教会新春布道所用单张，大都为协进会、圣教书会、广学会等机关所供给，"仅就协进会 1932 年出版单张 8 种，共印 8 万张。"[67]1933 年，协进会根据已往经验，深觉乡民和一般知识程度较低的人需要浅白的布道刊物，所以该会就出版两种单张，"每套 7 张，一为城市民众，一位乡村民众。题旨就是中国新年的联语，先后散布 17 万 2 千 9 百份，比去年增加一倍。"[68]新春布道时期，"平信徒之参加者，平均约占百分之二十，其结果亦属甚好。"[69]如美国美以美会 1930 年曾在北平地区组织为期十天的新春布道，举行特别聚会及圣经训练班，"先后有 23817 人参加，其中现场签名表示对基督教有兴趣者达 1598人，见习信徒 76 人。"[70]为保持新春布道的持久效果，协进会还特别重视后续工作，"凡与宗教和教会特别有兴趣的人，用个人的情感和交际，竭力去联络他们，和他们接近。"[71]五年运动时期，各教会合一趋势加强，打破宗派限制，共同举行联合布道大会。此系同一城市之各教堂，同时在本堂举行布道，使行人无论经过何处，均有听道之机，在平津一带大城市中，时有举行。

受五年运动激励，富有布道责任的基督徒除了力行个人布道外，"无论牧师、会长、教士、执事、长老以及平信徒，大家热心联合起来"[72]，华北基督教各教派还举行各种布道团，或到乡下，或赴城市，出外宣讲福音，"对内可以使教会免除依赖布道士的习惯，而达自立自养的目的；对外可以宣传福音于汲有教会的区域以期达到推广的目的"[73]。1932 年，河北昌黎美以美会基督徒亦组织乡村布道团六组。"每组五人，男三女二，分汽车队二，大车队二，自由车队一，步行队一，在十二天的统计，福音种子就撒遍二百余村，售零本圣书一万六千六百本，分出劝世文两万张。"[74]河北邢台宏道学院与 1933 年

---

67 崔宪祥：《布道》，《中华基督教会年鉴》第 12 期，第 47 页。

68 崔宪祥：《布道》，《中华基督教会年鉴》第 12 期，第 47 页。

69 孙恩三：《五年运动之发轫与进程》，《中华基督教会年鉴》第 12 期，第 3 页。

70 "Evangelistic Campaign,1930", *China Christian Advocate*, May 1931, p.12.

71 崔宪祥：《再谈新春布道》，《中华归主》1932 年第 123 期，第 6 页。

72 周端甫：《五年运动中基督徒应有的实际工作》，《真光杂志》1931 年第 30 卷第 3号，第 73 页。

73 《华北公理会促进董事部 1931 年干事报告书》，《华北公理会月刊》1932 年第 6卷第 6 期，第 23 页。

74 崔宪祥：《布道》，《中华基督教会年鉴》第 12 期，第 45 页。

4 月间组织了乡村布道团，每日分四处聚会，分头工作，亦有儿童班。1934年秋，英国圣公会山东新泰教区则组织 5 人的搬倒井布道团，在为期三周时间内，前往附近村庄演讲圣道，散发宗教册子，晚上聚会祈祷，"开道后即弃假归真而记名者望道者有 20 余人，并将本团之福音书，灵歌，接收本，索而诵读之"[75]。鉴于普通民众难以接受枯燥的基督教义，保定公理会还特意于1932 年春组织了新剧布道团，"藉乡人喜欢观剧的心理，将基督真道用新剧表演出来，输入乡民脑海中。"[76]同年秋，新剧布道团在经过组织训练后，开始正式布道，先后在无极、魏村、张登镇、大白四教会点布道，其中在无极福音堂"白日开演听众有三四百人之多，晚间开演听者多在三四千以上。"[77]新剧布道团新颖的形式受到民众欢迎，附近教会亦纷纷邀请其布道演出，后因经费紧张而停止。而山西汾阳公理会为吸引民众接受福音，也于 1933 年组织新剧布道，在汾文区化妆表演惩恶扬善的新剧，"并有警惕标语，劝人归主"[78]，收效颇大。因当时民众对基督教仍带有或多或少的敌视，故教会在乡间布道时比较注重与当地有声望之人的沟通，以便布道顺利。如当时华北公理会布道委员会曾规定在对外布道时："要请名望的朋友来介绍，以便与该地有声望的人接洽；想法请本地的人引导本团二、三位团员去拜会本地的绅董、大商铺……想法与本地之好问事者多有来往，若只有势力而无品德者亦不可过于疏远。总之要格外留意，免遭其从中做梗。"[79]

由于乡村布道没有固定场所，华北部分教会还采用了帐篷布道的方法，此种布道在民国 20 年代兴起，五年运动时期更为发扬扩大，尤以山东英国浸礼会、烟台通伸福音堂等教会的实施最为成功。当时教会组织布道团在布道地方搭起布蓬，大者可容纳数百人，设置长凳、讲台、幻灯等，举行系列演讲，或一周或数周。而传教士向中国布道人员向他们提供节假日期间使用的帐篷设备及生活经费，并配备了男女志愿工作人员。1933 年，"山东浸礼会帐

75　丁玉源：《山东教区新泰搬倒井布道团概述》，《圣公会报》1935 年第 28 卷第 1 期，第 12 页。

76　张化民：《保定公理会新剧布道社秋后开始下乡工作的先声》，《华北公理会月刊》1932 年第 7 期，第 57 页。

77　王灵泉：《保定公理会新剧布道团实行布道接续报告》《华北公理会月刊》1933 年第 1 期，第 28 页。

78　《汾阳基督教汾文区之化装布道》，《中华归主》1934 第 155 期，第 20 页。

79　《布道组对外的建议》，《华北公理会月刊》1930 年第 4 卷第 9 期，第 32 页。

篷布道每天的布道点都有 400 多名听道者。每地持续 7 天，一天进行 3 次集会宣讲。其中，500 人留下自己名字想进一步了解更多的基督信息。"[80]在农村帐篷布道工作后，传教士及牧师也在其后参观乡村继续工作。为了保持布道的效果，当布道会在已建立教会的地区进行帐篷布道时，教会还通过该地区的牧师和教会领导人，为学习者举办晚间学习班提供帮助。还有专门传教士保存着询问者的姓名和地址的记录，并确保把记录的副本送到附近教会领导人的手中。后有专门布道人员将滞留已举行了布道会的地区，安排圣经学习班，花数月时间，每周一两次，把聚会时演讲的内容解释清楚。"听者憩息有所，自属比较安静，而布道工作，亦多收善果。"[81]在晚清时期即被传教士常用的庙会布道，因潜在布道对象众多，在五年运动中仍为各教会所沿用。如 1933 年 5 月 9-12 日，山东平阴南关骡马大会举行期间，四乡民众云集于此，英国圣公会亦在此趁机组织布道，设立布道堂，临时布道棚，妇女传道棚等三处布道地点。演讲题目除布道外，还涉及社会改良、农村卫生等民众急需常识，"虽是三处一起讲演，让不足以供给听者使皆如愿以偿……而来听道者，虽坐位不足，席地而坐，仍是听道"[82]。此外，最早由青年会发起的监狱布道，也为各教会所推行，通过布道唤醒犯人们的良知，使之接受福音，诚心悔改。如当时济宁长老会、浸信会、美以美会的牧师每逢周一来山东第三监狱布道，据 1930 年报告，"监收人犯在一百五十名之谱，笃信耶稣者有一百余名。"[83]时教会还注重对监狱管理人员的布道，以达到引导犯人信主的目的。在 1934 年，"烟台监狱布道因感动而受洗的有 179 人，其中 3 人是狱吏。"[84]

　　鉴于"教会平日开门讲道，为日既久，一般听者，必不甚注意"[85]，故华北教会还邀请名牧举行奋兴大会，也是此时期振兴布道的重要形式。当时外国布道家及中国布道领袖在全国各地主领奋兴会，"自南至北，自西徂东，无处不蒙奋兴之恩，每地每次参加之教友，无不盈千累百。初时软弱而来者，

80　*Report of Tent and City Evangelism in The Tsingchou District*, 1933, p.2.

81　崔宪祥：《布道》，《中华基督教会年鉴》第 12 期，第 45 页。

82　赵子安：《山东教区平阴布道会工作之一瞥》，《圣公会报》1933 年第 26 卷第 13 期，第 12 页。

83　李干忱：《监狱布道之效果》，《兴华》1930 年第 27 卷第 38 期，第 28 页。

84　力宣德：《1934 年在中国圣经事业的检讨》，《兴华》1935 年第 32 卷第 11 期，第 7 页。

85　赖逸休：《五年运动如何促进》，《真光杂志》1931 年第 30 卷第 20 号，第 20 页。

会后则灵性健壮，负起布道的使命。"[86]1931年，中华基督教会委派濮阳圣经学校校长北福德、南京金陵女神学院院长贾玉铭赴江苏、河北、山东、山西、河南五省的济南、平遥、大名、开州等10处城市进行奋兴布道，行程万余里，所至之处，布道效果甚佳。"最显著者，在开州有百余人认罪归主，在河津有三百余人觉悟，全体一致献身一致归主，在洪洞有二百余人，全到台前，决志归主，并有多数甘愿献身为主使用。"[87]从当时著名的教会报纸《通问报》报道来看，"便见中国各地的教会开奋兴会佳音，每次的报告总是千百人记名学道。"[88]在奋兴大会举行时，尤以现场血气方刚的青年更易受激励，归主者也以青年人居多。但奋兴大会看似成果显著，但青年人也多是保持一时热度，"刺激一过，情绪的强度必渐渐低降"[89]，真正虔诚信仰者并不多，会后教会仍如旧状，故奋兴大会的善后问题也是困扰各教会的难题。当时中华基督教会全国总会也专门研究，其认为奋兴会真实的布道效果，"全视会前准备的程度，会后继续工作的程度，以及开会的性质与办法如何而定之。"[90]

此外，部份华北教会有时为响应五年运动的号召，还举办特别布道，"特别布道会有一年举行四五次或一二此次者，以单独举行者为多，联合举行者甚少。"[91]然而群体布道毕竟面对如此多的听众，其效果自然比个人布道差，即使信仰者也不甚坚定。正如教会史家王治心所言："耶稣尝以捕鱼比喻布道，说得人如得鱼，这里可以说群众布道是用网捕鱼，个人布道是用钓捕鱼。"[92]群体布道大多只是一时激发民众的信教兴趣，部分听众之后也渐失热情，"或公共布道以及奋兴会等，总难得恒久之效果"[93]，故各地教会非常重视对感兴趣者的后续栽培，以保证布道的真正实效。

家庭是社会组织之基本，亦个人心身之归宿，故教会布道注重个人，尤当进行全家归主。"如果基督的精神能够渗透到每个家庭的物质、精神生活中，

86　崔宪祥：《布道》，《中华基督教会年鉴》第12期，第44页。

87　约百：《华北五省奋兴布道之概况》，《晨光》1932年第1卷第3期，第82页。

88　胡世增：《奋兴会之心理的研究》，《真理与生命》1932年第7卷第3期，第16页。

89　《奋兴会的善后问题》，《兴华》1931年第28卷第17期，第1页。

90　中华基督教会全国总会编刊：《中华基督教会全国总会第四届总议会议录》，青岛，1937年，第161页。

91　朱晨声：《陕西中华基督教会五运布道会概况》，《中华归主》1935年第152期，第20页。

92　王治心：《中国基督教史纲》，上海：上海古籍出版社，2006年，第221页。

93　罗聘三：《五运成功端赖个人布道》，《兴华周刊》1933年第30卷第4期，第6页。

学校、社会、经济、国际生活的基督化就不会有不能克服的困难。因为家庭是社会的核心，是国家和世界的核心。"[94] 五运之前，教会多重视教堂礼拜，而忽视家庭礼拜，导致女信徒数量偏少。而家庭礼拜形式简单，气氛融洽，比大礼拜堂更有趣味，更易吸引女信徒及慕道者参加，在基督教家庭化运动中也得以广泛提倡，参加人数甚多。可见家庭礼拜，"不但能引领女人信道，增长教友灵性，更能乘机，广传福音，较比堂内布道与会场布道，效果大的多了。"[95] 自五年运动开始后，为推动基督化家庭工作即成立了专门的基督化家庭委员会，领导全国的基督化家庭运动，并规定每年十月第四周为基督化家庭运动周以造福家庭为宗旨，以促进基督化家庭的实现。当时华北及全国教会一致举行，研究讨论家庭各项问题，引导家庭中非教徒归主，推行家庭礼拜，加强家庭中的基督化气氛，推动全国基督化家庭运动发展。五年运动要求以信徒家庭为教会之单位，注重家庭宗教生活之培养，如家庭礼拜之增设、日常生活之改善及组织家庭问题研究社等，"既得一家归主，则一家之心可齐，而家可齐，则得一国归主。"[96] 基督化家庭委员会组织干事管莘真及其同事，东自江苏、上海、西至四川、成都，南自广东、香港，北至东三省，凡历四十六州县城镇，计16行省，出席会议45次之多。"一面奔走呼号，唤醒教会信徒，注重基督化的人生，一面协助各地教会，促成基督化的家庭，在各处地方，以彼之长，助此之短。如此便贯通各教会，成一种极大之运动，一方面更为实际上的运动。"[97] 此运动也为五运中最有实效运动，其重点放在农村家庭与城市家庭事业的发展上，推动了家庭布道的复兴。即使在五年运动结束后，基督化家庭运动并未停止，又重新制定五年计划推行。

五、布道效果考量

五年运动发动后，华北各地教会积极投入到扩大布道事业中，各种方式的布道接踵而起，平信徒广泛参与传播福音，注重祈祷，退修，奋兴会，布道会及基督化家庭运动等形式扩大宣教，布道工作颇有进展，特别是带动了信徒的自传，教会得以重新振兴。"五年运动不仅使得教会具备了一种积极的

94 T. C. Kuan, "Five Year Movement and the Home", *The Chinese Recorder*, January 1930, p. 29.

95 《山西太谷基督教众议会事工报告书》，太谷，1931 年，第 12 页。

96 谭光辉：《我对于五运动的几种认识》，《通问报》1930 年第 37 号，第 2 页。

97 李冠芳：《基督化家庭运动鸟瞰》，《中华基督教会年鉴》第 12 期，第 62 页。

布道态度，而且还促进了许多教会加深了相互合作的观念。"[98]在教徒人数方面，五年运动虽未达到翻倍的目标，但也有不同程度增长。从全国教会情况看，在五年运动末年中，"成人受中国各教会之洗礼者，在四万三千人之上，且会友人数较之前次所查之数目增二万四千人，较之 1928 年，增六万六千人。"[99]当时华北各教会内部增长情况也不尽相同，总体出现增长趋势。如华北美以美会信徒数有显著增长，1930 年教友 10492 名，到 1934 年则增长为 17548 人；[100]而山东美以美会在五年运动的前三年，信徒数也有大幅增加，从 3914 人增加到 7122 人[101]；华北公理会因重视五运扩大布道，信徒数也由 1931 年的 12713 名，到 1936 年增长到 15726 人[102]。然因五运开展的情况不同，在各差会不同教区间的增长也有差异，如此时期华北地区的中华圣公会的增长人数不多，如"1930 年，华北教区 3781 人，到 1936 年华北教区增至 5561 人，增长约两千人，而该会江苏、浙江两教区则在此期间信徒数均增长了四千余人。"[103]再从纵向对比来看，各教会在此时期教徒增长人数也高于之前时期，如山西平定友爱会 1935 年报告，在五运时期新发展教友 852 人，但之前五年发展新教友仅有 470 人[104]。但也有少数教会的信徒因各种原因却不增反减，如山东浸礼会由于重视社会事业而忽视了布道，结果教徒数从 1930 年的 7209 人，到 1935 年减少到 6209 人，然陕西浸礼会却因五运开展得力而信徒大增[105]。五运时期，从时间段来看，此时期华北各教会的信徒人数增长比率实际远高于非

98　H.Kraemer, *The Christian Message in a Non-Christian World*, New York: Harper& Brothers ,1938, p.370.

99　鲍引登：《两年来之中华全国基督教协进会》，《中华基督教会年鉴》第 13 期，第 151 页。

100　《全国美以美会工作统计》，《兴华》1931 年第 28 卷 49 期，第 17 页；华北美以美会：《华北美以美会四十二次年议会议录》，天津，1934 年，第 386 页。

101　"The Five Year Movement", *The Bulletin of the National Christian Council*, No.51, May 1934,p.12.

102　《华北基督教公理会促进董事部事十八次年会》，德县，1932 年，第 49 页；《华北基督教公理会促进董事部事二十三次年会》，汾阳，1937 年，附表，上海市档案馆藏。

103　*Report of the Ninth Meetiing of the General Synod of the Chung Hua Sheng Kung Hui*, Foochow, 1937, p.88.

104　静：《平定归来》，《总会公报》1935 年第 7 卷第 5 期，第 11 页。

105　*The 138th Annual Report of the Baptists Missionary Society*, London: The Mission House,1930,p.89; *The 143th Annual Report of the Baptists Missionary Society*, London: The Mission House,1935,p.117.

基督运动时期。如美国北长老会山东差会在此时期经历了复兴运动，在 1933 年潍县教区有 9 百人加入教会，是去年的三倍之多，登州教区则报告教徒人数增至了 50%；[106]1935 年美国北长老会山东差会也取得不俗的成绩，仅半年时间就有 2401 人加入教会，在济南教会信徒增加了 12%，在滕州教会人数增加 25%[107]；而当时在山东规模较小的瑞华浸信会，仅在 1933 年就有受浸者 465 名，[108]受洗人数也远高于之前时期。而且受困于经济危机导致的财政紧张，华北各差会还削减了布道中心，如北京的布道中心 1926 年有 533 处，到 1933 年降至 300 处；济南的布道中心 1926 年有 124 处，1933 年降到 100 处；天津的布道中心 1926 年有 107 处，1933 年降到 74 处。[109]在布道中心及传教士人数减少情况下，华北各地通过培养本土职员及扩大布道，仍然促进了教会人数保持增长，的确不失为五运的一大贡献。

华北各教会面对传教士来华人数减少的现状，积极开辟布道方式，发展了大批忠实的信徒，推动了教会的自传运动。而教会通过布道也对当地民众的宗教信仰、风俗习惯产生了剧烈冲击，改变了部分民众的认识信仰与思想价值观念，对启迪民智不无积极意义。如在孔子的家乡曲阜，该地深受儒家文化影响，但美国美以美会在此地也吸引多人信奉基督，据该会 1933 年报告，有孔子后裔 58 人入教，占全体信徒的四分之一[110]。从布道的方式看，五运期间诸如新春布道，个人布道，帐篷布道、兴奋布道颇为兴盛，从多方面吸收了教徒入教，而且还借用教会医院、博物馆等实行间接布道。但是从具体效果看，间接布道远不如直接布道，其在对社会改良贡献的价值远高于在布道上的作用。再从布道的对象看，五运布道除了针对妇女，儿童，学生，商人等群体外，基督教也极力在中国争取其他宗教信徒皈依，华北地区也确有不少佛教，伊斯兰教等异教信徒加入基督教。如山西孝义县胡山家村古寺有僧

106　Paul R.Abbott,"Revial Movements",*The China Christian Year Book*, Shanghai: Christian Literature Society,1934,p.189.

107　John Heeren, *On The Shantung Front : A History of the Shantung Mission of the Presbyterian Church in the U.S.A., 1861-1940, in its Historical ,Economic and Political Setting* ,New York: the Board of Foreign Missions of the Presbyterian Church in the United states of America: 1940,p.199.

108　郭金式：《山东瑞华浸会年议会的一瞥》，《真光杂志》1934 年第 33 卷第 1 号，第 65 页。

109　C. L. Boynton， "Trends in the Missionary Body"， *The China Christian Year Book,* Shanghai: Christian Literature Society, 1933, p.216.

110　贾润乾：《曲阜美以美会近况》，《兴华周刊》1933 年第 30 卷第 20 期，第 32 页。

人5位，有牧师相机同僧人谈道，以期吸引他们改变信仰，到1931年竟有4人记名基督教。他们欲将寺中偶像完全取消，除去寺庙的名称，恐遭村民反对未果。[111]1935年北平远东宣教会在和平门举行帐篷布道时，亦有一和尚改入基督教，据布道员描述当时情况云："有一位和尚，听道大受圣灵的感动，我即同他谈道，他从自始知基督教之真实，僧家之虚伪，而欲靠主弃暗就光，还俗投主。我同他祷告，即大得快乐而归。"[112]

更为重要的是，五年运动发动了平信徒参与布道，提高了教徒的责任意识，减少了他们的"寄生虫"心态。正如教会内部人士所言："以前他们都认为教会是外国的，而现在许多教徒开始承担一种新责任，将教会看作他们自己的教会，并且乐意为教会工作并提供支持。"[113]但是，虽然五运推动了扩大布道工作，但基督教作为西方外来宗教，实际在中国民众信仰体系中属于小众宗教，在各地宗教信仰统计中仍然低于佛教，道教等本土色彩较浓的宗教。从民众信仰基督教比例上看，如1935年，美国北长老会济南教区教友2502人，在济南长老会范围居民，每695人中才只有教友一人，在辖区7666处村庄有教友居住者仅490处。[114] 这也是因民众受民族主义情绪影响，对西方宗教存在固有敌视及怀疑，加之布道人员脱离民众生活实际，基督教在华布道工作更不为被大多民众所认可，其实现中华归主的目的也没达到，还在于，"教派的分歧，重量不重质，国情之隔膜等外，要以过重教会自身的发展绵延，而忽视改造地方的努力奋斗为最。"[115]更为重要的是，中国社会又是宗教意识淡薄，功利性宗教信仰较强的国度，基督教文化与传统的儒家文化又有相互抵触之处，故基督教在华布道工作更应增进中国化程度，适应民众需要，才能被民众所逐步接受。

111　冯健庵：《佛门弟子皈依基督》，《兴华》1931年第28卷第21期，第34页。

112　潘仰贵：《和平门内帐棚布道志盛》，《通问报》1935年第39号，第22页。

113　Ronald Rees, *China Faces the Storm: The Christian Church in China Today*, London: The Carey Press,1937,p.116.

114　连警斋编：《郭显德牧师行传全集》，上海：广学会，1937年，第564页。

115　张钦士：《乡村服务之使命》，《微音》1930年第2卷第2期，第144页。

第三章 华北基督教对 1929 年世界经济危机的应对

1929 年发生的西方经济大危机，使依托西方差会经济支持的在华基督教会受到极大影响，被迫做出了受托主义、裁员减薪、培养义工、重视基督化经济关系等诸多提高自养程度的措施，也利于中国教会的本色化过程。目前学界虽对此次经济危机对中国的影响有所关注，但对其与中国基督教关系却研究甚少，本章将以华北基督教为关注对象，考察此次经济大危机对华北基督教所造成的影响，分析华北基督教会所做出的针对性调整，以求认识经济问题于在华传教中的地位。

一、1929 年世界经济危机对在华基督教的影响

基督教在华传播因涉及事务众多，需要巨额资金支持，这是维系传教成败的重要因素。首先，教会及教会学校、医院等机构中的传教士与本土职员都需日常薪金提供；其次，布道工作、教会人员的培养及社会慈善事业等各项教务的开展，也是花费颇多；再次，教堂及教会学校、医院等设施的建设及维护，更需要大量开支。当时来华教会在华经费来源主要有三：一是各差会母会拨款，这是主要来源，这些经费用于外国传教士及本土职员的生活需要、购置必要的土地和修建教堂，建立教会学校、医院的花销等费用；其次是中国信徒的捐献，按个人经济能力，量力而行，还有少量政府及社会团体、个人的拨款、捐助；三是教会在华开办学校、医院及实业等事业的收入。然而外国差会的资助，使多数中国信徒尚有依赖性，使教外人多视教会为洋教，

使教会在中国亦沿用差会之名称，致有各种之会别。[1]因为基督教会的大部分资金，都由外国差会提供，故许多人认为教会是外国人的机关。而这也直接影响到了教会的本色化，时来华教士认为："此种公会津贴制度，永不能使福音普遍，更无希望使中国教会建立在自养，自立和自传基础上"[2]

1929年到1934年间，因正逢西方世界经济危机，对在华教会也带来不利后果，"有若干人，对于宣教事业，虽然不漠视，已发生疑问。捐款的数目逐渐减少。各宗派所组织的宣教事业机关，在各方面遇见严重的问题。"[3]当时来华绝大多数外国差会获取资金数量或捐款大受影响，"外国的教友们大受连累，有好些甚至连吃饭都有难处，因为自己吃饭有难处，所以对国外的捐助，自然不能照旧拿出来"[4]，而这也在人才和经济方面的，对在华事业都有鞭长莫及的倾向，故对在华教会的资助均有不同程度下降。"如内地会对华拨款，由1929年的四十多万美元降至1933年的14万美元，美国北长老会由1928年的142万美元，降至1934年的60万美元；美国美以美会的拨款同期亦由53万余美元将至20万余美元。"[5]青年会的经费，此前大部分都有北美协会供给，但自1929年起，已无此项协款了，所有的经费完全在中国筹款。[6]

来华差会之款大为减少，也导致中国教会的工作受到极大影响，"素无准备的中国教会，因而闹的张皇失措"[7]。在此形势下，多数教会不得不采取紧缩政策或减薪火裁员或缩小范围。首先教会将西教士人数减少，传教士来华数量也是逐年递减，如1930年传教士人数，"山东为537名，山西为270名，河北为（含平津）618名，到1934年，山东减到486名，山西为237名，河

1 朱立德：《世界不景气对于中国教会之影响》，《中华基督教会年鉴》第12期，第5页。

2 费尔顿著，杨昌栋、杨振泰译：《基督教与远东乡村建设》，上海：广学会，1940年，第34页。

3 美国平信徒调查团编，徐宝谦等译：《宣教事业平议》，上海：商务印书馆，1934年，第1页。

4 张雪岩：《怎样打破中国教会的难关》，《田家半月报》1934年创刊号，第9页。

5 C. L. Boynton, *Handbook of the Christian Movement in China under Protestant : Auspices National Christian Council of China*, Shanghai: The Kwang Hsueh Pub House,1936,p.346.

6 梁小初：《今后十年之中国青年会》，《中华基督教青年会全国协会委员会民25年常会记录》，上海，1936年，第63页。

7 张雪岩：《受托真义与实践》，上海：广学会，1935年，第29页。

北为 506 名"。[8]因面临严重的财政问题，各差会除减少传教士人数外，还将在职传教士薪水酌减，适当延长在华服务时间，将会产变卖以维持费用，减少中国传道牧师薪俸，减少传道人数，而使一人兼任数堂。[9]当时在华差会的支出除了各项教堂，医院，学校支出外，还包括在华北传教士及家庭的支出，传教士旅行花费，传教士子女教育花费等，华北各差会也相应通过缩减经费决议，以节省开支。如华北公理会 1929 年年议会就决定 1930 年开支减少 6000 美元，约占总开支的 1/10[10]，此后经费逐年递减，如 1930 年经费开支 299262.36 美元，到 1932 年就减少到 236376.45 美元[11]；另该会在 1932 年 4 月在德县召开董事部年会，当时美总会要求限制人才，削减经费，故决定 1933 年解散临清教会，与德县事业合并，西职员只住在德县。自 1932 年 9 月 1 号起，经常费总数减少 6100 银元，此为确定数目，不可更改。[12]而公理会在职员薪金方面也进行酌减，由 1931 年 5 月 1 日起，将华北公理会西职员之薪金与孩童津贴，均减少十分之一。关于例假之津贴，减少百分之五；关于告老职员之养老津贴，也减少百分之五；[13]在圣公宗方面，1930 年，英国圣公会的母会规定也是逐年减少来款十分之一，本教区传道之常年经费应当减少 3 千元。[14]而到 1934 年，该会则削减 15%的拨款，美国圣公会受危机影响更大，在 1933 年时削减经费比重更大，达到 40%[15]；美国北长老会总部 1933 年则决定减少对中国 20%的拨款，并节约开支[16]，而该会关于差会布道津贴的建议案则又规定："自 1934 年 4 月 1 日起，到 1936 年 3 月 31 日止，两年之中，各差会每

8 C. L. Boynton , "Missionary Staff in China", *The China Christian Year Book*, Shanghai: Christian Literature Society,1937,p.460.

9 朱立德：《世界不景气对于中国教会之影响》，《中华基督教会年鉴》第 12 期，第 9 页。

10 Harold S. Matthews, *Seventy-five Years of the North China Mission*, Peking: Sheffield Print Shop, 1942, p.159.

11 *The Annual Report American Board of Commissioners for Foreign Missions*, Boston: Congregational House ,1931,p.127; *The Annual Report American Board of Commissioners for Foreign Missions* , Boston: Congregational House ,1932,p.113.

12 《美总会电文》，《华北公理会月刊》1932 年第 6 卷第 6 期，第 12 页。

13 许光迪：《总会四月二十五日来函》，《华北公理会月刊》1932 年第 6 卷第 6 期，第 18 页。

14 雷海峰：《华北教区年会纪略》，《圣公会报》1930 年第 23 卷第 6 期，第 9 页。

15 "From the Bishop in North China", *North China and Shantung Mission*, Vol.XLI,No.3, July 1933,p.17.

16 The NCC Rural Work Report,1933,p.9, *Conference of British Missionary Societies Archives*, China, N.C.C Committee, Box.362, No.15.

年津贴堂会的经常费用，或牧师或坐堂传道人的薪金，以本年度（1932 年）各该差会的津贴书目为标准，至少须减去一半。"[17]纵观当时华北各教会的对策，多是通过削减人员及经费来应对经济危机，这也是因当时差会经费多依靠外国捐助的原因所导致。

面对外国差会的缩减经费与人员，中国教会也为应对财政紧张，研讨应对措施。协进会总干事诚静怡总结了开源与节流两项方法，鼓励中国教友捐献，并节省开支。而在欧美经济危机发生时，此时期的中国经济正处于黄金发展阶段，国民财富也较北洋政府时期有所增加，这也为教友增加捐献提供了必要条件。而当时协进会干事朱立德曾提出"使教友知道基督徒生活的真意义；使教友明瞭受托主义的原则；使教友在教会有义务服务的工作"，[18]来解决教会的财政问题，而协进会也将此项基本原则应用到实践中，在各教会提倡受托主义，并培养义务工作人员，起到了较好的效果。

二、华北基督教受托主义的实施

长期以来，皆是西方差会资助中国教会，形成了依赖心理。以前信徒多依靠差会资助，很多信徒不思进取，成为寄生虫，更导致教友在自养方面意识薄弱。对此，有教会人士曾言："许多人误认为教会是外国人的机关，不觉得在自己身上有何责任，故对于教会所费的钱，反不及他在信教以前对于庙宇所费的钱那么多，甚至还有人信教的目的，只希望得教会的帮助，享教会的利益。"[19]而此时期，西方差会经费的减少对教会日常活动大有影响，传教士人数也有所减少，却客观上增加了中国教会的自养水平。

面对教会经济危机，五年运动的重要一项即为"受托主义"，受托取自中国古语的"受人之托，忠人之事"，意图使基督徒有强烈的受托意识，愿意将生命、财产、光阴以及一切为上帝所使用。对于受托主义的具体含义，教会内部也曾有形象比喻："我是五元钞票，用我买一杯冰淇淋不够，用我买四两肉不够，用我买半斤糖不够，但是，请你相信我，如果礼拜天你把我捐到教会的捐箱里，我便有了用处。"[20]当时协进会组织了受托主义委员会，调查

17 《美国长老差会总部关于差会布道津贴的建议案》，《总会公报》1932 年第 4 卷第 5 期，第 1171 页。
18 蔡克耀：《促进教会自养的实现》，《真光杂志》1935 年第 34 卷第 3 期，37 页。
19 赖逸休：《五运与乡村教会》，《真光杂志》1930 年第 29 卷第 8 号，第 35 页。
20 姜丹立：《受托主义小比喻》，《浸会通讯》1949 年第 3 卷第 1 期，第 9 页。

教会自养状况，提倡编辑自养刊物，包括供传道人宣传的材料；供讨论会研究的材料；汇编关于中外各教会所已采用有效的方法；提倡教会自养的理由等，并编纂了《受托主义》、《受托主义大纲五课》、《受托卡片》、《受托图》、《受托表演》、《受托主义述要》等相关书籍，在华北各教会沿用流行[21]。中华基督教会全国总会 1933 年厦门第三届常会举行时也通过决议，要求各教会培养受托意识，规定："教会宗教干事在三个月内，预备受托主义研究材料一本，发交各大会（协会）区会宗教教育负责人员，相继在各堂会中组织受托主义研究会，对于受托主义加以探讨；总会教育干事随时介绍关于受托主义的书籍与各大会（协会）区会的负责人员；并且规定一个礼拜日，特别请各堂会牧师或主任演讲受托主义。"[22]这些决议为中华基督教会山东大会、山西大会、河北大会及华北大会所遵行。

当时华北基督教会也积极提倡受托主义，成立相关委员会实施，并根据协进会决议，还在五年运动委员中指派受托干事，在当地各教会组织受托研究班，在会议或训练会时主领受托讨论组或受托训练班，并请讲演受托主义，鼓励信徒阅读受托主义的出版物，受精神与实际上的训练，培养为教会经济奉献的深切责任心。各教会对于儿童及青年，还利用训练班、戏剧表演、故事讲演、音乐机等办法，以实施受托原理之训练。当时山东长老会非常重视受托主义，呼吁各教区教会的所有成员通过不同形式投入到教会工作中[23]，并开展了专门的训练。如 1934 年 12 月，山东济宁长老会召集组织专门训练班，以三礼拜为限，该班邀请名道演讲灌输圣经知识，促成受托主义之实行，课程有教会政治、得救要义、音乐及受托主义等[24]。而受托主义要求基督徒家庭对生命、光阴、财产以及将一切敬献于上帝的主义，应有清晰的认识，故当时的具体方法则有多种，如在春秋两季提倡农民节及感谢节，希望基督徒农民能感觉自身与上帝之合作，并鼓励将农产物献与上帝，以助教会自立自养之实现[25]。华北教会同其他教会也将秋收之节期定为感谢节，为全国信徒感谢

21 张雪岩：《受托主义与教会自养》，《中华基督教会年鉴》第 12 期，第 76 页。
22 韦格尔及视察团编：《培养教会工作人员的研究》，上海：广学会，1935 年，105 页。
23 North China Policy Committee, Tientsin, April 15-16,1935,p.7, *Missionary Files: Methodist Church, 1912-1949*, Wilmington, Del :Scholarly Resources Inc, 1999, Reel.69.
24 王宝莪：《济宁长老会受托主义运动》，《通问报》1935 年第 6 号，第 7 页。
25 张福良：《农村教会》，《中华基督教会年鉴》第 12 期，第 66 页。

上帝之节期，特别提出受托主义之意义与重要。如 1931 年感谢节时，教会提倡各信徒可将谷果菜蔬银钱等，献于上帝，作为五年运动之用，十分之九为促进当地之五运，十分之一则送至该会以促进全国之五运；[26] 1934 年，河北顺德教区感恩除在各堂会举行外，并推广到偏僻乡村，以勉励各地捐资，以树自养。每处约二、三日，每日聚会均四次，欢诵感恩诗歌，信徒积极捐献[27]；山东青口教会 1935 年 12 月 23 日也举行聚会感恩奉献，不论贫富，皆有所献。"即一乞丐，亦献黄豆一升，笤帚两把，农人献谷，商人献货，善后成立储蓄部，感恩节所献银钱物件，合计值洋约四十元；另组织教会自立促进股，于五年内达到自立地步"。[28]

受托主义的重要内容即鼓励教友捐献，因捐输为教友义务，华北教会当时也作出诸多捐献规定，信徒捐的名目，有礼拜捐，感恩捐，常年捐，并有生日、圣诞、圣餐、主日学、特别捐等项。如美以美会遵化教区布道团提倡实行受托主义，如什一捐、谢秋会（即感恩节）、圣诞节、复活节、父母节、生辰、节日等举行奉献。"所奉献的款项，有司库司帐及村会执事部主席负责保管，以备将来成立自立自养教会之用。已经有村的教会自己用奉献的捐款买了十六亩好地，为成立教会供养牧师的基金。"[29] 时各教会对于职业的薪金，也采取了捐助形式解决。如华北圣公会 1936 年为补助奉养执事用费，请全教区之华职员如系本会会友，"自本年七月起，凡月薪在 10 元以上的，每月抽其月薪的百分之一捐助教会。"[30] 英国浸礼会则规定每支会各请一牧师，牧师及教会一切费用完全由教友捐助。[31] 同时，各教会还采取多种形式鼓励信徒捐献。如济宁长老会则规定信徒纳十分之一用于供给上级议会之费用、供给牧师之薪金及传道之需用，还用于补充教育经费之缺乏与扶助医药之设备。"此种运动，凡有生命之信徒，率皆受感，允纳十分之一；听道受感记名纳十分之一者，亦不在少数"[32]；山东圣公会筹备自立会则规定："凡在本教区任事

---

26 The Eighth Meeting of the National Christian Council of China, Hangchow, April 10-17,1931,p.27

27 《河北顺德教区感恩会之所闻》，《中华归主》1933 年第 139 期，第 10 页。

28 侯敬敏：《青口教会感恩礼拜盛况》，《通问报》1935 年第 8 号，第 13 页。

29 余牧人：《乡村传道工作经验谈》第 2 集，上海：广学会，1950 年，第 121 页。

30 《华北教区议会纪事》，《圣公会报》1936 年第 29 卷第 8 期，第 16 页。

31 鲍哲庆：《浸礼会特殊发展之概况》，《中华基督教会年鉴》第 13 期，上海：中华全国基督教协进会，1936 年，第 49 页。

32 王宝荚：《济宁长老会受托主义运动》，《通问报》1935 年第 6 号，第 8 页。

受薪之各等宗主华职员，皆每年定纳其薪俸之五十分一；或一月一捐，或一季一捐，或一年一捐，皆随各堂酌定；教友皆随意乐捐，至少每年一次；本教堂各堂自立款，因用利不动本，有兴世共存之常年捐，储放生息，故较稳固。"[33] 华北各教会通过提倡受托主义，激发了教徒捐献的积极性，一定程度上改善了教会的财政困境。而从全国范围看，当时华南地区特别是广东、福建教会的自养程度也高于华北教会，除了华南教会根基较深外，还在于"各地教会之教友在海外经商的华侨很多，所以不论捐助地皮，房产或金钱都觉得容易。"[34]

因教会经济权多半操纵西差会之手，每年的用费多少，会友完全不知，也影响教友捐献积极性。1933 年，中华基督教会总会第三届常会也通过决议，则规定："预算必须由会友自动办理，平日用款的收入，也须由会友经手，务使经济完全公开，以保持会友对会堂的兴趣。"[35] 五运时期，通过受托主义在各教会的提倡，教徒捐献总数也有稳步增加，一定程度上缓解了教会财政困境。如中国内地会由中国本土贡献的收入由 1929 年的 6402 英镑，到 1933 年增长为 9462 英镑[36]；具体华北教会而言，也是呈增长趋势，1930 年时，中华圣公会华北教区 1930 年教徒捐献为 5914 元，到 1936 年增长为 14420 元。[37] 华北公理会教徒捐献额也有所增长，"从 1930 年的 12803 元，到 1935 年增加到 13448 元。"[38] 另据 1931 年报告，"华北美以美会自给捐 16184 元，本地经费捐 12041 元，总 31293 元。"[39] 再就最基层教会来看，教友捐献也是逐年递增。"如河北省某一教会有会友 20 人，慕道友 22 人，1930 年捐献 20.6 元，到 1934 年捐款即达 64 元。"[40] 而随着外国教会拨款减少，中西教徒捐献也成为教会的

---

33 马嘉乐：《山东教区筹备自立会》，《圣公会报》1935 年第 28 卷第 17-18 合期，第 8 页。

34 张雪岩：《受托主义与教会自养》，《中华基督教会年鉴》第 12 期，第 76 页。

35 《总会第三届常会促进各堂会事业自立自养案》，《传道公会特刊》1936 年第 1 期，第 49 页。

36 "Income Recevied in China up to 1933", *In Season out of Season:Report of the China Inland Mission*, Edinburge: R&R Clark Limited,1934,p.95.

37 *Report of the Ninth Meetiing of the General Synod of the Chung Hua Sheng Kung Hui*, Foochow, 1937, p.88.

38 《华北基督教公理会促进董事部第十八次年会》，德县，1932 年，第 48 页；《华北基督教公理会促进董事部第二十二次年会》，天津，1936 年，附表。

39 《全国美以美会工作统计》，《兴华》1931 年第 28 卷第 49 期，第 18 页。

40 The Tenth Meeting of the National Christian Council of China, Shanghai,April 25-May 2,1935, p.83, *Conference of British Missionary Societies Archives*, China, Asia Committee, Inter Documentation Co., 1984, N.C.C China, Box.348,1931-35, No.20.

重要经济来源，如 1935 年，山东黄县浸信会布道支出为 4140 美元，而差会仅提供 900 美元，其余皆为中西信徒捐献[41]。再如 1932 年太谷公理会，"全年总收入 22113.69 元，中西教徒捐款已接近总额比例一半，另有贝氏捐款 1085.85 元，西人捐款 6529.08 元，华人捐款 1551.4 元，与美差会资助成为两项重要收入来源。"[42]而在男女青年会方面，也是多靠捐献维持财政，如 1933 年烟台女青年会收入中，乐捐及特别捐比例达到 58.63%，其余为会费，教育费等收入[43]。不可忽视的是，此时期也是中国经济发展的"黄金十年"，教徒的经济条件也有所改善，从而为其增加捐献提供了经济支持，也为教会自养创造了基础。但当时多数教会的西方经费仍高于中方捐款，从下表关于山西太谷公理会的经济来源即可反应此种情况：

表 3-1　山西太谷公理会 1930-1933 年经济来源[44]　单位：美元

项别 ＼ 年别	1930	1931	1932	1933
美总会	8924.40	8584.80	7745.90	7042.76
欧柏林教会	800.00	800.00	800.00	800.00
欧巴哥教会	1000.00	1000.00	1000.00	1000.00
贝氏捐款	未详	1157.28	1085.85	未详
医院基金利息	未详	894.98	1125.87	未详
铭贤助生费	500.00 金洋	4002.89	2275.59	250.00 金洋
西人捐款	未详	7357.18	6529.08	未详
华人捐款	未详	1358.41	1551.40	1600.00
总计	12724.40	25155.54	22113.69	11412.76

41 Minutes of the Annual Meeting of the North China Mission of the Southern Baptist Convention, Hwangsien,1936, p.17,上海市档案馆藏，档案号：U106-0-7。

42 《太谷教会经济来源》，《山西太谷基督教会五十周年纪念刊》，太谷，1933 年，第 31 页。

43 《烟台中华基督教女青年会特刊》，1933 年 6 月，第 28 页，上海档案馆藏，档案号 U121-0-75-1.

44 《太谷基督教会五十周年纪念刊》，太谷，1933 年，第 31 页。

从上表也可看出，虽然华人捐款在增加，但西人捐款与差会拨款仍是教会的主要来源。故为减少对西方差会依赖，1931 年底中华基督教会全国总会通过决议："为达到自养的目的起见，主张各堂会对于差会的津贴，最好能规划一定年限，按年递减。"[45]实际上当时不只华北教会，在华其他各教会也多是通过增加信徒捐款来实现自养，如 1933 年，中华监理会通过十年自养计划，"本地捐款各增加一成，母会贴费则削减一成，十年互相增损，冀达到完全自养。"[46]教友除了捐款外，亦有少数捐献地皮、房产者，而捐献土产品、手工品者等颇多。因部分教徒贫苦而无力捐献，华北教会还提倡捐工服务。如华北公理会还提倡捐工布道，"有捐每礼拜的某日的，有捐每月的几日的，布道士可以集合其相同的日子，编成队伍或单独的向外村去布道。"[47]而河北滦县美以美会租种十亩地，使教友捐工种地，除去地租及种子四十元外，净得利六十元，可供牧师两月薪水。[48]此类捐工布道也在华北多地教会所推行，充分利用了教会的人力资源。

同时，华北各教会采取多种措施加强教会自养，如变卖房产、捐资建堂、固定产权增收等方式，成效颇著。受困于经济问题，因差会在华经费紧张，亦有教会出卖房产与本土教会，信徒亦积极捐献购买。如 1935 年潍县长老会因为经济困难，将城郭和东关两处教会的房屋，卖给中华基督教会，"牧师长老们特召集教会领袖及一切热心的信徒，聚会祈祷，商量办法，最后决定募捐，时仅潍县就捐了六七千元，连修理不过需要万元之谱"。[49]时部分教堂的兴建也由差会资助而改由教徒捐献。如山西友爱会 1935 年在沁县、太原两处，由中西信徒捐献自建礼拜堂 2 所，而太原及寿阳支会信徒还负担牧师薪金之一部。[50]亦有少数教会依靠固定资产的出租或投资来维持收入，如北京青年会因有多处房产，在经济上尚不致感觉恐慌。[51]当时在华传教士也积极提倡本土

45　《中华基督教会全国总会续行委员部第五届年会记录》，1932 年 11 月，上海档案馆藏，档案号：U102-0-7-[3]。

46　《中华监理公会年议会五十周年纪念刊》，上海，1935 年，第 17 页。

47　朱敬一：《中国教会乡村之新建设》，上海：中华基督教文社，1927 年，第 63 页。

48　费尔顿著，杨昌栋、杨振泰译：《基督教与远东乡村建设》，上海：广学会，1940 年，第 229 页。

49　《潍县中华基督教会的好消息》，《田家半月报》1935 年第 2 卷第 1 期，第 8 页。

50　段翰章：《友爱会特殊发展之概况》，《中华基督教会年鉴》第 13 期，第 18 页。

51　《中华全国基督教总会将迁平》，《北平晨报》1934 年 6 月 19 日，第 6 版。

教会的自养，美国传教士乐灵生（Frank J. Rawlinson）曾在此时期的英文《教务杂志》连续刊登《西方资金与中国教会文章》，探讨教会的经济问题。在1932年9月的《教务杂志》中曾刊发多位华北传教士讨论如何促进教会自养的文章，如在河北昌黎传教的美国传教士海珥玛（Irma Highbaugh）主张减少贫困传教区的受薪教士数量，并削减部分中国牧师及女布道员的经费开支，以促进本土教会的自养[52]。

当时教会加强自养的捷径，最主要为增加教友捐输的能力，而这需要增加他们的生产力，故华北教会还通过乡村改良实验，发展副业，来为教会增收。如山东浸礼会1936年在周村建立街宅五十余间出租，又推行果园四十余亩，均充作中四区联会基金[53]。当时华北地区还积极推行家庭工业，为教会赚取收入，而协进会曾专门提及："自从华北方面小规模的家庭工业计划实施后，自立自助的可能性就愈见扩大了。"山东、山西的部分教会还通过组织消费合作社及信用合作社，并兴办乡村改良实验区，提高教徒的经济水平，进而提高他们向教会的捐款数额。[54]然而教会副业的开办，也影响到教会正常事务。如当时北平附近牧师则办牛奶场做副业，天天忙于牛奶场工作，无暇顾及教会工作，而导致教友反对，自动辞职，专工办理农场；华北还有位牧师在礼拜堂开诊疗所，以其收入补充薪水之不足。后生意发达，忙于医务而无暇顾及会务，教友反对而辞职。[55]而教会从事实业活动，也使得部分教徒过于重视经济利益，以营利为目的从事教务，导致教会内部偏离正常秩序。如华北地区部分教徒"或将教堂房屋出租，或开商店，以求赚钱……甚至有开酒馆，售香烟，以教会款项储蓄生息，并以高利贷放款者。"[56]

值得一提的是，此时期华北各教会还注意到传道及牧师的休养问题，设立了养老金。如德县公理会还通过扣薪与储蓄方式，达到为职员养老与获得资金的双重目的。时该会为使传道人老年卸职时，有足其养家进项，至死时或

---

52 Irma Highbaugh,"Self-Support by the Local church", *The Chinese Recorder*, Vol. LXIII, No.9,September 1932,p.539.

53 中华基督教会全国总会:《中华基督教会全国总会第四届总议会议录》,青岛,1937年，第84页。

54 鲍引登:《五年运动》,《中华基督教会年鉴》第12期，第22页。

55 费尔顿著，杨昌栋、杨振泰译:《基督教与远东乡村建设》,上海：广学会，1940年，第229页。

56 路万钟:《战区视察记》,《真理与生命》1934年第8卷第7期，第382页。

不幸天亡时，亦可藉此养其遗留之家属十年。当时规定："凡想入储蓄会者，即每月扣其薪金百分之五作为储蓄，至年底则众议会或负其薪金责任之机关，亦以同等之款数交到本会作为该会员之储蓄，则变成薪金数之十分之一；"[57]华北美以美会则组织本地传道休养基金，规定年会友每年捐 1 元，西籍年会友每年捐 5 元，非年会友每年捐 5 角。1934 年议会时，决定另行募款五千元，即行放出生息，以利息的一半储蓄，一半为休养金；[58]华北圣公会则规定圣品及诲道者的养老金，采取强迫捐助原则，要求公款开支薪水的圣品及男诲道者每月从薪水中扣除 4%，女诲道者每月扣除薪水的 3%，而到年满 60 时可领取养老金。[59]而此类养老金制度，利于免除教会人员的后顾之忧，增强教会内部的凝聚力。

中国教友人数及捐献增多，加之不受薪的教会领袖的培训，促进了华北各地教会自养程度的提升。不过，在大多数的乡村教会中，教徒的生计本不富裕，既有教徒也感到长期捐助难予支撑，故而要求大力发展新教徒，以作分担。部分教会因教友数目骤增，经费因之充裕而自立。如滦县美以美会安各庄教会，"1929 年教友 118 人，捐款 240 元。到 1932 年时不过 3 年，教友增到 2 百名，捐款增到 450 元，已经完全自立"[60]；山东潍县教会也随着教友人数及捐输增多，自养趋势不断加强。"1932 年，该会教友人数 689 人，26 处教会中自养 4 处，到 1934 年该会教友人数 1014 人，有堂会 36 处，其中自养 20 处。"[61]这也说明教会的外部资金问题并不是影响其自养的主要因素，教会内部发展信徒的多少亦对自养至关重要。而山东圣道公会规模较小，也注意提倡自养，在 1931 年时，不仅该会 3 名牧师及 15 名布道员的薪水，而且教会的其他全部支出也全部由本土信徒捐献供应[62]；华北美以美会也提倡自养，1931 年该会预算支出 25259 美元，其中要求中国教会提供 7691 元[63]；再从中华基督教会的自养情况看，"1934 年时华北大会 76 处教会全部实现自养，

57　《研究职员储蓄委员会》，《华北公理会月刊》1932 年第 6 卷第 6 期，第 12 页。

58　华北美以美会：《华北美以美会四十二次年议会议录》，天津，1934 年，第 390 页。

59　《中华圣公会华北教区支付圣品及诲道者公积金章程》，《信义报》1933 年第 21 卷第 43 期，第 3127-3128 页。

60　朱敬一：《北行观感录》，《金陵神学志》1932 年第 14 卷第 7-8 合期，第 82 页。

61　《自养声中山东潍县教会之进步观》，《中华归主》1934 年第 144 期，第 15-16 页。

62　English Methodist Mission North China, p.1,*Wesleyan Methodist Missionary Society Archive*, Box,No.1093, North China,1933-1945,No.55,Inter Documentation Co.,1982.

63　Estimates Summary of Work Budget 1931, *Missionary Files:Methodist Church, 1912-1949*，Wilmington, Del :Scholarly Resources Inc,1999, Reel.72.

山东大会 170 处教会中有 146 处实现了自养，河北大会情况稍差，20 处教会中有 8 处实现了自养，山西大会 18 处教会也仅有 5 处教会自养。"[64]华北圣公会 1935 年也报告，"在过去五年间，实现自养的教会增加了 25%。"[65]经过五运的提倡，在 1937 年抗战全面爆发前，已有部分教会实现自养，如 1937 年，伦敦会北平区会完全自养者 3 处，进行自养者 5 处，支堂 2 处。[66]另据美国北长老会 1937 年报告，"保定区会有三支会将近完成自养，该处均有各自聘请之牧师，或传道师，其余五个支会亦正在努力进行自养。"[67]然也有部分教会受困经济条件，自养状况不佳，如"1932 年，美国北长老会在山东 59 处教会，只有 5 处自养，到 1934 年也仅有 7 处实现自养。"[68]当然因中国教徒捐献能力有限，除少数自养教会外，时外国差会在华教会虽然逐步减少拨款，但其比重仍高于本土提供的经费。

与外国差会正逐步实现自养不同，中国本土教会自从成立起即摆脱了对西方自己依赖，实现了完全自养。如在北平、天津、山东等地成立的基督教自立会组织，因脱离了西方差会的管理与资金支持，故其运营及职员薪水多数依靠教徒捐献。如山东中华基督教自立会 1935 年底，"共有教友 2248 名，牧师 11 位，长老 41 位，执事 40 人，而本年共捐输国币 17423.4 元"，[69]已基本可以维持教会开支。而除了部分实现自养的教会外，还有个别教会的资金来源已多靠本土捐款。如据 1933 年报告，"太原浸礼会每年约计捐款 500 余元，皆作为本堂经费，此外尚有英差会补贴华牧师洋 240 元。"[70]而 1932 年远

64　C.L.Boynton, C.D. Boynton （ed）, *The Handbook of Christian Movement in China under Protestant Auspices* ,Shanghai: Kwang Hsueh Publishing House,1936,p.105.

65　G.F.S.Gray, *Anglicans in China*, The Episcopal China Mission History Project, 1996, p.70.

66　中华基督教会全国总会:《中华基督教会全国总会第四届总议会议录》,青岛,1937年，第 77 页。

67　中华基督教会全国总会:《中华基督教会全国总会第四届总议会议录》,青岛,1937年，第 89 页。

68　*The 96th Annual Report of the Board of Foreign Missions of the Presbyterian Church, in the United States of America*, New York: Presbyterian Building ,1933,p.89; *The 97th Annual Report of the Board of Foreign Missions of the Presbyterian Church, in the United States of America*, New York: Presbyterian Building ,1934,p.91.

69　刘滋堂:《山东中华基督教自立会第八届议会纪要》,《中华归主》1936 年第 163 期，第 11 页。

70　中华全国基督教总会:《中华基督教会全国总会第三届常会议录》,厦门,1933 年，第 127 页。

东宣教会在北平落地，该会主要经济来源即为教友捐献，如以北平远东宣教会 1935 年 7-12 月财务收入为例来看，"有十分之一捐 117.6 元，主日学校捐 65.32 元，主日礼拜捐 31.42 元，其他捐款 126.09 元"，[71]构成了教会的主要收入。部分信徒较少的本土教会则需向各方募款，因蒋介石夫妇都为基督徒，且常有资助教会之举，当时也有教会请求两人拨款，如 1936 年 10 月，北平基督教救恩会负责人敬奠坤即为扩大教会,修筑教会设施而向蒋介石夫妇请求捐款[72]。另除了教友捐献外，教会还靠星期日开办传道班,讲经班,收取费用一部分捐出作为宣教会经费，另宣教会出版部卖书收入一部分捐出作为经费。

因缺少差会经费支持，而主要依赖中国教徒的捐助主持，于是对某些基层教会而言，便出现教会自养程度愈高，而其教牧人员薪金标准愈低的反差。如 "山东英浸礼会，它的自养程度，继长增高，可是传道人的薪金标准，反而日见降低，因为当今的情形之下，有许多地方，欲教会供给差会所供给那种程度的传道人，实在是办不到的。"[73]实际上，部分差会对于教会的工作，自始即采取自养的政策。他们只供给游行布道家的旅费和圣经教员的薪水，却不供给地方教会的建筑经费和牧师的薪水等。也有部分差会，只为基督徒团契供给崇拜的地方和传道人与女传道人的薪水，希望这个教会在不久以后成为一个自养、自治的团体。"有些地方，这种工作方法已经获得相当的成功，在别的地方，这种工作，反而促成人们依赖的心理，使地方教会不能有充分的发展，因而不能成为自养的教会。"[74]值得一提的是，此时期地方教会、耶稣家庭等华北地区本土教派的自养程度较高，布道员多数都不接受固定月薪，仰赖信徒的爱心捐献，这种传道人的给养形式在当时曾吸引了不少人的向往和模仿，对中国教会的整体发展而言，他们的影响力，无论是在传教效果乃至信仰的典范作用，都已盖过了同时期的所有传教士。当然因中国教徒经济能力有限，如部分华北教会甚至都无力承担冬天取暖费用[75]，当时外国差会的拨款仍是教会的主要经济来源，故虽然教会自养程度提高，但在华教会仍须依赖差会支持。如山东浸礼会在自养程度上而言，"布道方面，除义务布道工

---

71 《半年的教务统计报告》，《暗中之光》1936 年第 7 卷第 3 期，第 56 页。

72 郝奠坤：《呈请赞助建筑北平基督教救恩会，1936 年 10 月》，台北国史馆：藏国民政府档案，档案号：001-054300-0002。

73 韦格尔编：《培养教会工作人员的研究》，上海：广学会，1935 年，第 16 页。

74 方约翰：《教会与差会》，《中华基督教会年鉴》第 12 期，第 26 页。

75 Harold T. Cook, "Money and the Church", *The Chinese Recorder*, Vol. LXIII, No.9, September 1932,p.557.

作外，对经济担负十分之三四；教育方面，仍由差会完全担负，但是差会来款甚少，中学不能开办。"[76]正因此故，也最终影响了各教会自养的完全实现。

三、华北教会义务工作人员的培养

因此时期传教士来华人数的减少，急需中国布道人员，而在中国布道人员方面，受经济危机影响，部分神学院停办，导致培养专门布道人才减少。从全国统计看，1922 年由神学院 48 所神学院，学生 829 名，到 1934 年仅存19 处，学生 472 名[77]。同时西方差会经费的减少对教会日常活动大有影响，中国布道员的薪水及人数也有所减少。以华北公理会为例，"1932 年时，该会男布道员有 184 人，女布道员 74 人。到 1933 年，则减少为男布道员 143 名，女布道员 65 名。"[78]而在华教会面临欧美捐款减少，普通教会职员对外国差会津贴款的依赖性较强的情况下，又因"乡村教会因农村破产的缘故，无力单独供养牧师"[79]，且教会服务事工繁多而职员不敷，导致教会必须使用义务职员，加强对教友技能和知识的训练，尤其是义务领袖训练。进而言之，当时在华基督教会大多事工由受薪人员完成，未能充分利用教内义务人才，也给教会增加经济负担。故 1929 年基督教协进会第七届年会通过建议案，决定从平信徒中培养义务人才及领袖。因他们有固定的生活来源，不受教会津贴，完全凭信仰服务教会，增加教会事工的效率，却不增加教会的财政负担，故时也为各教会所倚重。"他们的资格必要比教友高，在教育上至少能识字，能看新约圣经"[80]，成为各地教会不可或缺的布道人员。而惟有在教会加增至诚的义务工作人员，特别是在农村的教会尤甚，方能在自养的基础上有所进展。当时中华信义会的机关报《信义报》称："以今日中国教会情形和灵性状况来看，义务传道的人才，实在是不可少的。"[81]

---

76 《山东中华基督教浸礼宗教会情况》，《真光杂志》1936 年第 35 卷第 8 号，第 54 页。

77 王宝铨：《教会义务工作人员之训练》，《河南中华圣公会会刊》1936 年第 9 卷第 5 期，第 17 页。

78 《华北基督教公理会董事部报告书》，1934 年，天津市档案馆藏：《教会战后医院报告及公理会文件》，档案号：401206800-J0252-1-003019。

79 《义工问答》，《中华基督教会全国总会公报》1936 年第 9 卷第 2 期，第 4 页。

80 中华基督教会全国总会编刊：《中华基督教会全国总会第四届总议会议录》，青岛，1937 年，第 152 页。

81 谈守诚：《潢川邓湾集区会月学的盛况》，《信义报》1933 年第 21 卷第 22 期，第2599 页。

鉴于当时基督教内平信徒服务教会觉悟不高，"在教会自身，因许多有学识，有才干，在各界甚至基督教机关任职的男女基督徒，始终没有想到服务教会是其天职。"[82]为此，当时协进会要求征求，训练，视导义务人员，为一区责任牧师主要的任务之一。而对于义务工作人员的征求，协进会要求须由当地教会优选品学兼优的信徒充任之，须经当地教会当局的介绍，面授以特殊的训练。1932 年底的召开中华基督教会全国总会续行委员会第五届年会也曾决议：自 1933 年起，各堂会更当设法联合所在地各基督教机关，充分培植义务布道领袖[83]。为培养义务工作人员，华北各级神学校及圣经学校在教导学员时，多注重关于征求训练义务人员之方法，俾使学员在服务教会时，能多得义务人才从事于义务工作。[84]如华北公理会的领袖训练班和高级平训班，皆为培养义务领袖之设外，复在山西汾州、山东临清设有崇道学院及叶氏圣道学院，专门训练义务人才。而华北伦敦会的义务领袖短期训练，"有时遇着合用的人材或是他们请求加入，则让他们用两个月或是半年工作跟着布道团实习传道，有时特为他们组织训练班。"[85]教会在训练以后，还有牧师组织适当的视导，保证学员能学有所用。"在一个明瞭如何督察视导工作的牧师之下，'随学随做'很易在整个训练平信徒的程序中成为重要的因素。"[86]而教会从事于义务工作人员及领袖之训练，增强了教会本土职员的实力，可以使传教士逐渐向中国职员移交管理权，利于教会的自治。

在此形势下，华北各教会还开展了义工训练班，专门致力培养义务工作人员，使他们能多有机会，互换经验，思想祈祷。当时中华基督教宗教教育促进会 1935 年成立培养义工委员会，编印培养教会义务工作人员小丛书及小册子，出版《培养教会义务工作人员实施草案》、《培养教会义务工作人员课程草案》、《第一级义工课程》、《义工问答》、《义工训练与区委员会》、《义工

82　The Tenth Meeting of the National Christian Council of China, Shanghai, April 25-May 2,1935, p.18, Asia Committee, Inter Documentation Co., 1984, N.C.C China, Box.348,1931-35, No.20.

83　《中华基督教会全国总会续行委员部第五届年会记录》，1932 年 11 月，上海档案馆藏，档案号：U102-0-7-[3]。

84　《中华全国基督教协进会第七届大会报告》，上海：中华全国基督教协进会，1929 年，第 23 页。

85　《中华基督教会全国总会第三届常会议录》，厦门，1933 年，第 108 页。

86　The Tenth Meeting of the National Christian Council of China, Shanghai, April 25-May 2,1935, p.20, Asia Committee, Inter Documentation Co., 1984, N.C.C China, Box.348,1931-35, No.20.

运动与世界基督教大会》等，宣讲义工训练方法，使一般信徒对于义工有确切之认识。[87]在该会的规划下，华北各教会纷纷成立义工训练班或研究会，而山东、河北、北平、山西等地组织相应的区委会，注重崇拜、主日学及家庭工作。

就华北各地具体实施情况看，在山东教会，1934 年秋，鲁东信义会则发起十年自立自养运动，组织义工训练班，以增加其工作效率，以后逐年把教会事务交托他们管理。该会规定训练班于每年春秋两季举办，时间为 2-3 礼拜，费用差会津贴半数，凡热心主道能粗通文字及能抄写记录者为合格。1935 年秋，"该会举办的首届训练班有学生有三十人，翌年春与 1937 年春又先后举行二、三届，共 55 人参加"。[88]1936 年，中华基督教会山东大会则开义工训练班五处，分布在济南、济宁、烟台等处，受训人数 250 余名，开办时间从十天到二十天不等；[89]1 同年夏，鲁西教会也成立培养义工委员会，对于入班资格，学分标准及课程科目等，均详细规划。在河北地区的教会，如萧张伦敦会每年冬季，或春季分区义务工作人员训练班，其课程包括圣经、诗歌、讲道实习及各种常识等。完班后，各为本教会充任义务工作人员；[90]1936 年 7 月 14-15 日，基督教培养义务工作人员河北区委员会召开首次会议，拟定设立初、中两级课程，涉及专门科、基督教教义、普通常识等内容，另有公共崇拜，团体查经、个人灵修、实际工作的活动。[91]与此次会议直接相关的结果是河北区基督教培养义务工作人员中级研究会于 1937 年 1 月 1 日-29 日举行，以培养各教会义务工作人员，使有服务教会及社会之智能为宗旨。北平教会自 1935 年举办义工研究班后，1936 年 3 月 13 日-22 日，当时北平联合妇女圣道学院的妇女义工班则与北平教会的男女义工研究班合并，共同在该院举行义工第一次训练会，每晚 2 小时，研究儿童主日学、宣教与崇拜、家庭宗教

---

87 《培养教会义工委员会近讯》，《兴华周刊》1936 年第 33 卷第 46 期，第 26 页。

88 鲁东信义会编刊：《基督教鲁东信义会五十周年纪念特刊：1898-1948》，青岛，1948 年，第 109 页。

89 中华基督教会全国总会：《中华基督教会全国总会第四届总议会议录》，青岛，1937 年，第 86 页。

90 中华基督教会全国总会：《中华基督教会全国总会第四届总议会议录》，青岛，1937 年，第 82 页。

91 《基督教培养义务工作人员河北区委员会首次记录》，《广闻录》1936 年第 3 卷第 3 期，第 5-6 页。

教育、教会与青年工作及地方教会的事工，每科都有专门讲授领袖，正式登记学员 134 人，来自公理会，美以美会等 9 个宗派[92]。该会还于 1937 年 1 月 28 日正式成立北平市基督徒义工团契，辅助本市各教会养成负责的义务工作人员，联络感情，共同研究，交换经验同心工作，设有儿童主日学、教会青年工作、家庭工作、教会音乐及民众教育等各组；[93] 在山西地区，各教会也于 1936 年秋组织了山西区培养义工委员会，为避免重复，附设于山西区农村事业促进会内，注重主领崇拜、主日学及家庭工作三项[94]。而太谷、汾阳公理会还相继于 1937 年春开办义工训练班、义务工作研究班，课程有卫生、音乐、崇拜学、公民教育、主日学等。而对于参加培训班的义工资格，各教会也有具体要求，如 1935 年华北公理会的义务培训班，即要求学员为 25 岁-60 岁之间的中学毕业生，并须自费食宿，且更倾向于女学员[95]。各种义务人员培训班的开办，提高了教会信徒为教会服务的意识，更为教会大批义务工作的人员，利于教会工作的开展。

传教士来华数量减少及义务人员培训，势必导致华人在教会职员比例的增多，特别是西方教会采取的裁员减政的紧缩政策，至少使中国教会觉悟到依赖他人之非计，因而积极谋求自身担负教会的责任。一切用人行政，渐由本国信徒，自行主持。[96] 如据 1934 年美国北长老会年度报告称，"该会在华的 2039 名中国职员中，按立受薪职员仅有 142 人，而义务男职员则有 1125 人，义务女职员 772 人。"[97] 而义务人员也确实在各教会中发挥了重要作用，当时美国北长老会成立的烟台博物院，同时开展布道工作，"许多义务工作人员来自城里各地方，襄助维持秩序，并向群众为主作见证。他们人数众多，整天工作不倦，

---

92 黎天锡：《一个城市义工训练会的回顾》，《宗教教育季刊》1937 年第 1 卷第 2 期，第 33-35 页。

93 吴季康：《北平基督教义工人员第二届研究班盛况》，《宗教教育季刊》1937 年第 1 卷第 1 期，第 22-23 页；《北平联合女子圣道学院 1936 年年报》，第 6-7 页，上海档案馆藏，档案号：U124-0-10-7。

94 《培养教会义务工作人员议案》，上海：中华基督教宗教教育促进会，1937 年，上海档案馆藏，档案号：U123-0-157。

95 Letter dated 25 May 1936 from Alice M. Huggins to Friends and Potential Volunteers for Missionary Service, p.1, Manuscripts Division, Special Collections, J. Willard Marriott Library, University of Utah.

96 诚静怡：《一年的回顾》，《中华归主》1933 年第 132 期，第 3 页。

97 *The 97th Annual Report of the Board of Foreign Missions of the Presbyterian Church in the U.S.A, New York,*1934, Table No.1.

奉献一种极其有力的证道。"[98]当然在义务人员培训过程中，也存在受薪人才的恐慌、教友不肯负责及成人宗教教育与义务人才教育界限不清等困境[99]。而且有些义务人员在培训后，并没有起到应有作用，如"临清公理会有些学生在读完了课程以后，竟要求教会录用，有些则离开本地，到大商埠谋生去了。"[100]

四、华北教会学校、医院的应对

（一）教会学校的调整

在华教会学校的办学经费以前多靠西方提供的经费维持，如燕京大学的经费来源由美国纽约的大学董事部提供 60%，各差会提供 15%，其余则来自学费及各种捐献[101]。但因学校立案后，入教会学校的人数之增进，又逢西方来款减少，学校在教师薪金，教学设备等方面都需资金，导致运转困难。尤其教会小学方面，"近数年来，因见国立及公立小学之林立，复因经济上之困难，故对于小学教育一再缩减，或交该地平信徒接受负责。"[102]山东当时总计全省之 10 余处教会中学，其常年经费在 3 千元以上者几乎绝无仅有，"故学校之设备与教职员之资格方面，不得不姑从简陋。与官立中等学校相较，悬殊甚大；"[103]山西铭贤学校因美国经济情况之一度不振，"致 1934 度决算亏累达 24000 余元，当时拮据情形，概可想见。"[104]美国公理会对天津究真仰山两校的拨款也是逐年减少，从 1928-29 年的 3700 元到 1933-34 年锐减到 1500 元[105]。而经济危机也使差会对教会大学的拨款有所削减，以齐鲁大学为例来看，1931-1932 年，来自各差会总部的收入都有减少，"浸礼会在 1932 年 1 月至 6 月削减了其拨款 25%，加拿大合一会在 1932 年 1-6 月削减开支 15%，然而因

---

98 魏礼模：《今日中国的布道工作》，《真理与生命》1938 年第 11 卷第 7 期，第 439 页。

99 黎天锡：《最近十年之宗教教育》，《中华基督教会全国总会公报》1936 年第 8 卷第 1 期，第 11 页。

100 韦格尔及视察团编：《培养教会工作人员的研究》，上海：广学会，1935 年，第 113 页。

101 Samuel M.Chao, "Yenching University Carries on Tradition of Early Founders", July 7,1934, *The China Press Weekly*, p.20.

102 张横秋：《华北公理会两年中特殊之发展》，《中华基督教会年鉴》第 13 期，第 52 页。

103 张伯怀：《山东教会之教育事业》，《总会公报》1930 年第 2 卷第 4-5 合期，第 429 页。

104 信德俭等编：《学以事人、真知力行：山西铭贤学校办学评述》，北京：中国社会出版社，2010 年，第 241 页。

105 《天津私立究真仰山学校报告书：1935 年》，第 3 页，天津档案馆藏，档号：401206800-J0252-1-003019。

为开支全年由黄金支付，因此到达济南当地之后的数字比预算表还要高出一些；圣公会在 1931 年削减了对文理学院拨款的 7%。美国南长老会削减约 35%。"[106]更令齐鲁大学雪上加霜的是，1929 年该校莫名出现七千元经费不知所踪的情况，导致财政状况更加紧张[107]。再从各差会对齐大的拨款总额看，也是逐年减少，"到 1936 年时已经从之前的 24700 墨元，下降到 18000 墨元。"[108]可见由于当时经济危机的出现，严重影响到了差会的募款能力，对学校的经费造成了较大冲击。

　　为此，各学校还多采取了财政紧缩政策，通过裁减教职员人数，削减预算及教职员薪水以减轻财政压力，并减少或合并部分学校。如 1933 年，因燕大各种收入突减，仅得 91 万 6 千余元，即行紧缩政策，预算自 160 万减至 93 万四千，与收入相抵，仍亏一万八千元，同时该校还实行了减政裁人[109]。教育部在视察教会大学时，也发现了其财政紧张问题，提出补救建议。如教育部在 1934 年派员视察燕京大学时也指出："该校经费来源，近来因受世界经济影响，日渐减少，不敷甚巨，应即增筹确定基金，以谋学校经济基础之巩固。"[110]同样教育部 1935 年派员视察齐鲁大学时也提出建议："该校经常支出，办公特别等费，应极力减少，用以添置图书仪器等设备，医学院经费，应由校董会合力筹的款，以固基础。"[111]在此形势下，教会学校还采取了呼吁募捐、政府资助、国外基金支持等方式获取经费支持,通过教育部、中华教育文化基金董事会、管理中英庚款董事会等机关补助。如 1933 年秋，山东省政府协助齐大经费两千元，作为无线电专修科之用。[112]1934 年初，齐大再次向山东省政府请求补助 1 万元，省政府于 4 月 25 日发函准予一次补助金洋 5000 元。[113]1935 年，齐大决定向校友每人募集 50 元，作为蓄金，以备补助当时的亏空。

106 Preliminary Financial Report1931-1932, *Shantung Christian University Bulletin*, No.,88，山东省档案馆藏，私立齐鲁大学档案，档案号，J109-01-530。

107 "Cheeloo's Finance Lifted", *The Chinese Recorder*,Vol. LX, No.11, November 1929,p.742.

108 ShuMing T. Liu, "A Few Facts from Cheeloo's President", *Christian Universities of China Bulletin*, No.14, July 1936, p.4.

109 刘廷芳、谢景升编：《司徒雷登先生年谱》，北京，1946 年，第 40 页。

110 《令私立燕京大学》，《教育公报》1934 年第 6 卷 29-30 期，第 6 页。

111 《令私立齐鲁大学》，《教育公报》1935 年第 7 卷 29-30 期，第 38-39 页。

112 《山东省政府协助本校经费两千元》，《齐大旬刊》1933 年第 4 卷第 5 期，第 31 页。

113 《山东省政府公函》,《齐大旬刊》1934 年第 4 卷第 22 期，第 158 页。

但齐大校友多在基层学校或医院工作，资本家乃至商人甚少，捐献有限。翌年，中英庚款董事会还资助齐鲁大学 1 万 5 千美元，用以理学院与医学院的设备图书购买[114]。而燕大、齐大在政府立案后，亦获得教育部拨款。1934 年 3 月，教育部曾奖助成绩优良而经费困难的私立专科以上学校，对齐鲁大学每年拨款 3 万，燕京大学每年则得 6 万补助。因受该补助费"注重实科"规定之约束，齐大以补助理学院、医学院为主，而对燕大补助则以文、理两院为主。[115]且该补助费每年资助额并不固定，翌年经过调整略有下降。如 1935 年齐鲁大学所得份额为 23665 元，燕京大学则为 53475 元。[116]两所大学从外部来的补助，还包括从 1935 年开始，由掌管美国庚款的中华教育文化基金会提供的每年 14000 元拨款[117]。实际早在 1932 年 4 月时，齐鲁大学就向中华教育文化基金董事会申请资助，希望此后三年内，"每年补助 1 万元用于理学院科学仪器、图书及购置费，每年补助乡村教育实验费三千元。"[118]同样有美国教会背景的燕京大学也向该会申请了资助，最终两校的资助申请于 1935 年得到落实。到 1936 年，管理中英庚款董事会也资助齐大理学院和医学院 15000 元用于图书设备的完善，补助燕大设备费 1 万 5 千元[119]。另有专门的洛克菲勒基金（又称罗氏基金）等对齐鲁大学、燕京大学的赞助。如 1935-36 年度，罗氏基金补助费给燕京大学 102325 元，占总收入 11%。[120]此外，罗氏基金对齐大医学院，赫尔基金对齐大国学研究所也每年有相当经费资助，如罗氏基金每年资助齐大医学院 3000 英镑[121]。除了外部资助外，1933 年 11 月，燕大因国外经费减少，决议则举行百万基金运动，提议在国内募集基金一百万元，

---

114 "Grants to the University", *Cheeloo Monthly Bulletin*, No.31, September 30th, 1931, p.4.

115 《教部本年度私校补助费核定经过》，《中华教育界》1934 年第 22 卷第 4 期，第 185 页。

116 《二十四年度私立专科以上学校补助费详数》，《时事月报》1935 年第 13 卷第 2 期，第 76 页。

117 Report of the School of Medicine For the Year Ending June 30th, 1936, *Shantung Christian University, Archives of the United Board For Christian Higher Education in Asia*, Box.263, p.658.

118 《济南私立齐鲁大学请款书》，中国社会科学院近代史研究所档案馆藏：胡适档案，档案号：2295-002.

119 《二十五年度中英庚款教育文化补助费支配情形》，《教育杂志》1936 年第 26 卷第 8 号，第 143 页。

120 《北平私立燕京大学一览》，北平，1937 年，第 188 页。

121 *Christian Universities of China Bulletin*, No.11, February, 1935, p.2.

将基金利息，弥补常年经费之缺短。后经教职员全体大会通过，并决议在校之教职员担任十万元，自由乐捐，限于十日内，办理完竣。其余九十万元，拟向两千校友及八百在校之学生家属，与同情该校之国内人士劝募[122]。运动初期，燕大在校师生积极捐献，其中教师捐助 9 万元，学生也捐献 2 万 7 千元[123]。1934 年，司徒雷登亦到北平、天津、上海及南京的校友、商人及军政要员中劝募。1934 年 5 月 9 日，蒋介石收到上海市长吴铁城来函，其应燕大请求，为开展百万基金运动，请蒋赐予赞助题捐，以资提倡维持，蒋氏表示同意[124]，而司徒雷登在吴氏的帮忙下，在上海募集到 4 万 6 千元[125]；燕大还聘孔祥熙为该校董事长，借以提高募款的社会影响。10 月 6 日，孔祥熙、汪精卫致电蒋介石，表示司徒雷登希望有励志社出面组织茶话会，提倡募捐，获得蒋介石的同意[126]。10 月 13 日，励志社负责人黄仁霖报告蒋介石称，经汪与蒋商定的 16 日下午在该社请各院部长茶会已筹备就绪[127]同年 10 月 16 日，蒋介石、汪精卫、孔祥熙联名邀请南京官员出席茶话会正式召开，现场开始劝募，司徒雷登致谢词，汪、孔亲自出席赞助[128]。到 1934 年底，各方已认捐 236822.76 元[129]。经过四年的募集，1937 年春时，燕大共募到 9 万 7 千美金（ 32 万元），约相当于预期总额的三分之一，其中燕大师生与校友贡献了至少三分之一[130]。1936 年时，中国基督教大学联合董事部还决定筹款 120 万美金，以资助燕京，齐鲁等 11 所在华教会大学[131]。在多种形式的捐助下，导致各教会

122　《燕京大学拟在国内筹募基金百万元》，《中华基督教教育季刊》1933 年第 9 卷第 4 期，第 101 页。

123　Philip West ,*Yenching University and Sino-Western Relation, 1916-1952*, Cambridge: Harvard University Press, 1976,p.112.

124　《吴铁城电蒋中正，1934 年 5 月 9 日》，台北国史馆藏：蒋中正总统文物，档案号：002-080200-00435-132。

125　Yu-Ming Shaw, *An American Missionary in China: John Leighton Stuart and Chinese-American Relation*,Cambridge: Harvard University Press, 1992.p.68.

126　《孔祥熙、汪兆铭电蒋中正，1934 年 10 月 6 日》，台北国史馆藏：蒋中正总统文物，档案号：002-080200-00185-019。

127　《黄仁霖电蒋中正，1934 年 10 月 13 日》，台北国史馆藏：蒋中正总统文物，档案号：002-080200-028-002。

128　《汪蒋孔联名为燕大募捐》，《中央日报》1934 年 10 月 17 日，第 8 版。

129　《百万基金运动第一年结束》，《燕大友声》1934 年第 1 期，第 4 页。

130　Dwight W. Edwards, *Yenching University*, New York : United Board for Christian Colleges in China, 1959.p.233.

131　《资助中国教会大学》，《圣公会报》1936 年第 29 卷 19 期，第 28 页。

大学获得捐赠总额均有所增加，如燕京大学所获各类捐赠总额由 1929 年的 1347710.85 美元，到 1936 年增加为 2215313.55 美元[132]。虽然政府机关及各类基金组织对教会大学有所补助，但毕竟数额有限，各教会大学的运营还是主要依靠外国差会的拨款及学生缴费。

实际在经济危机发生前，学生缴费一直在教会学校收入中占据比例不高，如 1929 年燕大报告学生缴费仅占学生实际运营花费的 15%[133]。此时华北教会学校因经济不景气，财政紧张，不得已提高学费标准，以增加学校收入。如燕大学费不断提升，1927 年时该校本科生学费为 30 元[134]，但经济危机发生后的 1931 年，燕京大学收费，本科生为每学期 40 元[135]，到 1936 年，学费每学期则涨至 55 元[136]；齐鲁大学方面，经济危机前得 1926 年文理本科学费每学期 25 元[137]，而到 1931 年，文科则提升到每学期 30 元，理科每学期 35 元，[138] 到 1937 年时，学费更是增为文科本科生 35 元，理科本科生 40 元，医学本科生 50 元[139]。与此同时，外国差会对教会学校的补助比例也逐年减少，学费及相应收入提高。如 "1929-1930 学年度燕大收入 602833.14 元中，美国托事部及国外机关来款 427187.8 元，占 71%[140]；而在燕大 1935-1936 学年收入来源 906978.92 元中，外国来款比例已经减少，其中纽约托事部拨款 398874.03 元，占 44%；基督教各公会拨款 67200 元，占 8%，共 52%。[141] 而各差会对齐鲁大学拨款也是逐年下降，齐鲁大学 1930 年差会拨款 69212 元，占 41%；到 1934 年差会拨款 55564 元，比例下降到占 34.9[142]；而齐大学费比例则相应提高，

---

132 Dwight W. Edwards, *Yenching University,* New York : United Board for Christian Colleges in China, 1959.p.234.

133 Yenching University An Interpretation, Peiping,1929,p.11.

134 《私立燕京大学布告第十五号第九届》，北京，1927 年，第 7 页。

135 《北平私立燕京大学一览》，北平，1931 年，第 24-25 页，北京大学档案馆藏：私立燕京大学档案，档案号：YJ19300025。

136 《北平私立燕京大学一览》，北平，1937 年，第 43 页。

137 《山东济南齐鲁大学章程》，济南，1926 年，第 45 页。

138 《山东济南私立齐鲁大学文、理学院一览》，济南，1931 年，第 17 页。

139 《私立齐鲁大学文、理、医学院招生简章》，1937 年，齐大布告类第 99 号，第 13 页。

140 《北平私立燕京大学一览》，北平，1931 年，第 334 页，北京大学档案馆藏：私立燕京大学档案，档案号：YJ19300025。

141 《北平私立燕京大学一览》，北平，1937 年，第 188 页。

142 《齐大财政报告》，山东省档案馆藏：私立齐鲁大学档案，档案号：J109-04-0118；《洛氏基金会来往函件（英语）》，山东省档案馆藏：私立齐鲁大学档案，档案号：J109-01-0109。

从 1930 年学费收入 17276 元,占 10.1%,增长到 1934 年 37461 元,占 20.1%[143]。因为学费等收入增加,导致齐大经费中来自中方的比例逐渐超过西方,到 1936 年时,来自中方的收入达到 166817.57 墨元,总额已经超过了来自西方的收入[144],这也是教会大学面对财政困难而迫不得已的应对办法,更导致教会大学也成为贵族化学校。因教会学校收费的增加,也引起学生不满,如曾有燕大学生指出:"增加学费并不是解决学校经济恐慌正当的方法,增加学费是要促使一大部分学生中途辍学,社会上也会加以指责。"[145]而在学生收费增加的同时,也适当提高了招生人数以增加总收入,但教学设备及师资方面却因经费紧张而减少投入,势必也影响了教学质量。

　　除了教会大学外,华北各教会学校在政府立案后,因学校受到社会承认,导致非基督徒的入学学生增加,故学额激增,如"北京汇文中学 1930 年时学生 777 人,而在当年立案后,招收学额增多,至 1933 年增长至 1220 人。"[146]随着学生人数的增多,学校开支也相应增加,而在外部资金有限情况下,各教会学校也不得不抬高学费,来维持学校的运营。时各差会都缩减了对在华学校的拨款,如天津公理会所建的私立究真仰山两校由美总会所来经常费 1930 年 3520 美元,到 1934 年则降为 1500 元[147]。为此两校决定抬高学费,以弥补经费不足。如"究真中学的学费 1930 年度为 32 元,1932 年升为 40 元,到 1934 年增长到 48 元。仰山高小的学费 1930 年为 20 元,到 1932 年增为 24 元,到 1934 年又增为 28 元。"[148]而当时学费也成为教会学校的主要收入,差会支出大为减少。如 1931 年时,北平育英学校支出 8 万元,但差会只提供 1 千元,其余则靠学生缴费及捐献获得,而且学校 62 名教师的薪金,仅有 1 名传教士教师为差会供给[149];再如 1934 年济南齐鲁中学经费方面,除设立者

143 《齐大财政报告》,山东省档案馆藏:私立齐鲁大学档案,档案号:J109-04-0118;《洛氏基金会来往函件(英语)》,山东省档案馆藏:私立齐鲁大学档案,档案号:J109-01-0109。

144 ShuMing T. Liu, "A Few Facts from Cheeloo's President", *Christian Universities of China Bulletin*,No.14 ,July, 1936, p.4.

145 殷韦:《增加学费问题》,《燕大旬刊》1934 年第 1 卷第 4 期,第 19 页。

146 《本校近十五年来学生增减比较表》,《汇文年刊》,1936 年,无页码。

147 《天津私立究真仰山学校报告书:1935 年》,《教会战后医院报告及公理会文件》,天津市档案馆藏,档案号:401206800-J0252-1-003019。

148 《天津私立究真仰山学校报告书:1935 年》,《教会战后医院报告及公理会文件》,天津市档案馆藏,档案号:401206800-J0252-1-003019。

149 Rowland M.Cross, *Christianity in Revolutionary China*,Boston,1932,p.43.

每年补助经常费 16760 元，齐鲁大学补助经常费 1200 元，捐款约 1500 元外，学生学杂费等各项 31000 余元也是占比例最大；[150]而山西铭贤学校 1935 年度也增收学费国币 3400 元，校内工作费又各减一成，始克收支相抵[151]；在教会小学方面，学费也成为学校的主要收入。如 1931 年，烟台信义小学全年经费 3888 元，教会补助千元，学费则入 2800 元[152]；而北平崇实小学 1936-37 学年收入 5683.04 美元，而学生缴费即达到 3861 元，占收入的大部分。[153]再如 1936 年鲁东信义会在青岛、胶县及即墨的高初级小学及民众学校各项收入 4468.11 元，其中特别捐 64 元，差会助款 1747 元，剩余大部分为学杂费、体育费、寄宿费等收入，学费更是达到 2447.3 元。[154]然也有少数学校采取内部精简方式，如美国公理会所在山西、山东活动区域经济困难，不能多收学费，故博文、铭义停办高中以节省 2 千元，取消山东视学员以节省 900 元。河北省的中学因能多收学费，故学校的经济也好维持。[155]

当时华北教会中小学还采取了各种形式的募捐，获取社会力量支持。如 1930 年时，青岛同善中学的经费来源中即由市政府补助 3600 元，同善教会捐助 5 千元，学生学费 4480 元[156]，而在青岛的崇德中学除了学费收入外，也是由青岛市每年补助 5400 元，另有社会捐助[157]；再如北镇鸿文中学 1931 年时的经费则是由鸿济医院捐助 1 千元，本地教会捐助 2 千元，教友会捐助 5 百元，学费 1 千元[158]；山西铭贤学校因财政紧张，也曾得到教育部补助，1934 年时获得 3 万元[159]，1935 年，校长孔祥熙捐助国币 10000 元，又获教育部补

---

150 《济南私立齐鲁中学概况一览》，济南，1934 年，第 16 页。

151 信德俭等编：《学以事人、真知力行：山西铭贤学校办学评述》，第 241 页。

152 山东省政府教育厅：《山东省政府教育厅视察报告》第 2 集，济南，1931 年，第 225 页。

153 《北京私立崇实中小学校一年概况报告书》，北平，1937 年，第 90 页。

154 《基督教鲁东信义会五十周年纪念特刊：1898-1948》，青岛，1948 年，第 65 页。

155 许光迪：《总会四月二十五日来函》，《华北公理会月刊》1932 年第 6 卷第 6 期，第 16-17 页

156 《青岛私立礼贤中学校董会成立呈请事项清》，青岛市档案馆藏，档案号：B0027-004-00257。

157 《二十四年度青岛私立崇德中学调查表》，青岛市档案馆藏，档案号：B0027-004-00260。

158 山东省政府教育厅：《山东省政府教育厅视察报告》第 2 集，1931 年，第 186 页。

159 《晋铭贤学校补助费》，《申报》1934 年 12 月 25 日，第 14 版。

助费 4 万元[160]。在教会小学方面，北平汇文第一小学自 1930 年后，"学额陡越五百，校舍殊感不敷，校董事会发起万元购产募款，在校董事与职教员努力下，于三年之间募款一万一千元，修建校舍，翻修学生宿舍，其余四千元留作学校基金。"[161]美国长老会在烟台的信义小学因美国总会受困财政紧张，由每年补助千余元降为五百元，学费不足，则由校董分任捐助。1931 年时，校董募捐得三千余元，由社会领袖慕得三千余元，基本可以维持学校运营；[162]部分学校教师还发起捐款支持学校办学，如 1934 年，北京汇文中学全体职员则发起捐献每月薪金的十分之一，连续十五月，达万余元，作为学校经费支出[163]；1936 年，该校校长高凤山还前往美国美以美会部出席宗教会议，并意图向总会募款，补助学生及学校建设。在学校财政紧张形势下，亦有部分差会开始向校董会移交学校管理权，如美国北长老会在青岛的崇实中学的美方创办人即与校董会签订合同，自 1929 年 8 月-1932 年 7 月期间将学校土地，建筑物及附属品租给校董会，每年收取一块银元的租金，并每年仍向学校提供 2100 银元的经费，实际等同于将学校移交校董会经营，该会在潍县的文美女子中学也签订了类似合同。[164]到了 1930 年代，除少数学校收入还靠教会拨款与捐献外，学生缴费收入已经成为大多数教会学校的主要收入来源，改变了教会学校初期主要依靠差会补助的局面。从下表中也可以看出此类现象：

表 3-2　1933-34 学年部分华北教会中学的收入情况[165]　单位：元

学　　校	学费收入	其他杂费	差会拨款	捐献	其他收入	总收入
昌黎汇文中学	6489	4256	280	136	1464	12630
北平贝满女中	24000	7060	1800	----	924	33784
北平育英中学	78910	24238	300	125	----	103573

160 信德俭等编：《学以事人、真知力行：山西铭贤学校办学评述》，第 241 页。

161 《万元购产募款经过》，《北京汇文第一小学 70 周年纪念刊》，北京，1940 年，第 46 页。

162 连警斋编：《郭显德牧师行传全集》，上海：广学会，1937 年，第 301 页。

163 《本校校史》，《汇文年刊》1936 年，无页码。

164 《青岛崇德中学校创办人与校董会之间合同》，山东省档案馆藏：私立齐鲁大学卷宗，档案号：J109-01-115。

165 E.H.Cressy, "Christian Middle School:1933-34", *China Christian Educational Association Bulletin*, No.34,1934,pp.30-33.

天津中西女中	22260	3710	----	300	----	26270
天津汇文中学	56350	----	6500	----	----	62850
济南齐鲁中学	7596	5011	4000	----	1820	18426
青岛崇德中学	6300	2400	1745	----	5439	15884
泰安萃英中学	8610	4592	2000	500	300	16002

　　教会学校通过各种方式的筹款，在此时期也基本实现了收支平衡，如据1935年《德县志》所载德县博文中学的1934年的总收入为29573元，总支出为29420元，略有盈余。[166]但是教会学校学费提高，因学费昂贵，教会职员与教友子弟，不堪负担，势必报考收费较低的公办学校，因此影响了学生构成。教会学校初期多是教友子女，而此时期"因经济关系，教会子弟除少数受津贴外，为数甚少，教外学生颇多，类多富家子弟，"[167]导致学校演变为"贵族化学校"。

　　至于华北地区的神学院，因学生有限，还主要依靠教会经费支持。如1934年，"北平联合女子圣道学院入款6806.34元，其中学费449元，公理会提供特款331.13元，长老会提供1080元，美以美会提供466.67元，伦敦会提供233.6元。"[168]而北平汇文神学院1933-34年花费14742元，其中差会提供8183元[169]，也是占收入的大半；而德临叶氏学道院受经济危机影响较大，不但美总会的经常款撤销，而哈外伊教会的特款也减少了十分之八九，因此对于各项公不能舒畅。[170]教会大学的神学院也是主要靠国外资助，"如1934至1935年度燕京大学宗教学院的总收入为30080元，其中学费为2240元，基金收入为27840元，齐鲁神学院收入13000元，其中差会补助10640元，学费1000元。"[171]而当时亦有学校通过实业来增收，如烟台妇女圣经学校，学生在校皆

166　李树德修：《德县志》学校志，德县，1935年刊本，第61页。

167　中华基督教会全国总会：《中华基督教会全国总会第三届常会议录》，厦门，1933年，第113页。

168　《北平联合女子圣道学院一九三四年正月一日至十二月三十一日年报》，第15页，天津档案馆藏，档号：401206800-J0252-1-003019。

169　C. Stanley Smith, *The Development of Protestant Theological Education in China*, Shanghai: Kelly and Walsh Limited, 1941, p.147.

170　《临清基督教公理会五十周年纪念小史》，临清，1936年，第14页。

171　韦格尔：《培养教会工作人员的研究》，上海：中华基督教宗教教育促进会，1935年，附录第15页。

须入实业班，以备生财，可以自立自助，不须依赖他人，"其中有 35 人所得之利，可以支持学费而有余"。[172]虽然神学院多靠差会补助维持，但毕竟其神学色彩浓厚，每年入学的学生却远低于普通教会学校。

（二）教会医院的变化

教会医疗事业运转耗资巨大，诸如职员薪金，医疗设备、药品及医院建筑等支出花费颇大，如 1930 年天津伦敦会开办的马大夫医院支出 56826 元，其中医药及设备 13792 元，病人及职员餐费 11182 元，外国职员薪水 6326 元，中国职员薪水 8710 元，另有装修、水电等花费[173]。而各教会医院在开办之初，主要依靠母会提供经费及医院收入维持，但受经济危机影响，西方经费减少，拨款逐年减少，如临清华美医院 1929 年教会拨款 4011.97 元，到 1933 年即下降为 2976.96 元[174]。为此，在华教会医院被迫通过提高收费、呼吁募捐等政策来维持。当时教会医院收入多是住院费、护理费、药费及检验费等，因医院的教会慈善性质，采取不同收费制度，部分对贫民免费，对高收入则采取高收费。如德县卫氏博济医院，对凡来住院者共分五等，特等每日十元，头等每日五元，一等三元，二等一元五角，三等五角，衣被食品普通药类均在住院费内；[175]而昌黎广济医院当时也是实行三等病床不同收费的制度，如三等病床每日 5 角；二等每日 1 元，头等每日二元；[176]齐鲁大学医院则实行高收费、低收费和免费，并从高收费补贴低收费，对穷苦病人实行减费和免费。据 1935 年该院报告，"除特别室（头等、二等病床房间）外，所收之费不足病人所消费的三分之一，且有贫穷病人分文不收者约占全数病人的 2-3%（当时病床数 150），故需每年从齐鲁大学医学院取得补贴，方敷支出。"[177]而此

---

172 连警斋编：《郭显德牧师行传全集》，上海：广学会，1937 年，第 555 页。

173 Newsletter from Dr. Mrs. E.J. Stuckey,p.4, *Council for World Mission Archives*,North China,1866-1939, Box,No.10,1929-30,No.776., Switzerland: Inter Documentation Co., 1978.

174 Lintsing Memorial Hospital, Lintsing, Shantung, Annual Report, 1929,p.12;Lintsing Memorial Hospital, Lintsing, Shantung, China, Annual Report for 1933, p.16, Manuscripts Division, Special Collections, J. Willard Marriott Library, University of Utah.

175 《山东德县卫氏博济医院报告书》，1930 年，第 1 页，哈佛大学燕京学社图书馆藏。

176 《昌黎广济医院每年出入款项表》，*Missionary Files:Methodist Church, 1912-1949*, Wilmington, Del :Scholarly Resources Inc,1999, Reel.70.

177 《山东大学齐鲁医院志》编纂委员会：《山东大学齐鲁医院志：1890-2000》，山东大学出版社，2000 年，第 77 页。

种分等级的收费制度，也多为华北各地教会医院所执行，在各医院也都有减免病人费用的规定，如1936年，"北京同仁医院门诊病人64741人，其中有10330人免费，加之住院减免的费用，该院本年用于慈善的费用占总支出的15%"，[178]这也说明教会医院并不是一味的谋利，而是处处彰显基督的博爱精神。此外，还有部分医院通过裁员来节约支出，当时多是裁减工资较高的外国医生，或减少他们的薪水，同时也提倡医生义务工作，但这也会影响医生的服务质量。

随着母会经费减少，鉴于当时教会医院在当地医疗体系重要性，地方官员及士绅也参与资助维持教会医院经费，医院病人亦有捐款资助者。如1933年，因美国公理会在临清开办的华美医院引经费运转困难，故向当地社会募捐，而临清全县名宿共筹救济之策，发起维持之举，商定本县及省内部分外县每年共出款6千元共同资助医院，并议决成立维持临清华美医院董事会，由各县选派董事共担负筹款责任，以期达到维持该院长久存在之目的。[179]同年，省政府批准"维持该院办法"，令清平、夏津、堂邑、冠县等8县每年由地方预备费内各补助4百元，临清每年补助8百元，又商会担负810元[180]。而地方上之所以资助支持教会医院，也在于其先进的医疗技术，正如1935年《临清县志》所提资助华美医院一事所云："邑人因其医院设备甚周，且多华人捐款，特集资保留之。"[181]时美国公理会开办的太谷仁术医院因经费紧张，也向山西社会各界募集捐款。1934年秋，财政部长孔祥熙为医院捐款一千元，又提倡全县各界捐款，联络谷政绅学商军各要人组成募捐基金委员会，决议太谷县署地方捐款内，拨出500元津助本院，发出捐册80余本募捐[182]。作为山西最高长官的阎锡山也积极资助教会医院。如仁术医院曾从阎锡山及山西省政府募到大洋五千元[183]，山西汾阳医院亦获得阎锡山捐助六千元[184]；再如1930年，天津伦敦会的马大夫纪念医院北病房楼建成，徐世昌、徐世章等中

178　Hopins Memorial Hospital, Peiping China, p.1, *Missionary Files: Methodist Church, 1912-1949*, Wilmington, Del : Scholarly Resources Inc, 1999, Reel.70.

179　《临清基督教公理会五十周年纪念小史》，临清，1936年，第29页。

180　《奉省令核临清华美医院董事赵仁泉等函呈议决维持该院办法》，《财政旬刊》1934年第11卷第6期，第1页。

181　徐子尚修：《临清县志》，1935年铅印本，七：建置志（宗教类），第23页。

182　《1934年山西太谷仁术医院报告》，《教会战后医院及公理会文件》，天津市档案馆藏，档案号：401206800-J0252-1-003019。

183　赵怡：《仁术医院近况》，《谷声季刊》1934年第36期，第20页。

184　《消息》，《革新月刊》1934年第1卷第7期，第16页。

西名人为此襄助白银 51770 两，另该院获取了英国租界工部局每年 2 千两的拨款[185]；时德县卫氏博济医院因经济困难，亦向各方劝募，"幸蒙李汉章师长代为劝募之大批捐款及募得男女病人之捐款共计 3 千余元。本院藉以维持进行，贫民得以来院就医。"[186]而英国圣公会在华北的医院也屡得资助，"大同某要人，因其家属就医该院者，皆得获愈，默查该院之需要，慨捐巨款，该院遂得装置透光镜一具。祁州医院治愈者数人，为感谢护士之情谊，亦捐 600 元之数，以为建筑已婚护士住所之需。"[187]在此时期，经过教会医院的广为宣传呼吁，多数医院的中外捐款都有所增加，如昌黎广济医院 1933 年此项收入为 924 元，到 1936 年增加为 3072 元[188]。

另有教会采取了合办医院办法，以减轻财政压力。如 1935 年底，由泰安美以美会开办的博济医院，交由美以美会，中华圣公会，浸信会组之董事会倡办，共同出款办理。[189]当时教会医院对于普通病人，医院亦设捐款箱，希望条件充裕者给予资助，而在医院治愈之病人，尝有感谢的捐助，虽人数无多，间有捐助巨额者。而各地医院从地方上获取资助颇多，时教会人士亦感叹地方经费在教会医院开办过程中的重要性："然当此经济缩减年复一年之时，医院经济之前途，若不由地方上得其资助，则将来似难维持。今日之现状，惟如何能打通此路，虽在未知志数，然受地方金钱之辅助，而受地方上牵制之过程，乃在所难免。"[190]

在当地官绅协款资助下，华北各教会医院得以继续维持，但医院主要收入仍是病人纳费，这也体现了医院逐步本土化的倾向。如 "1930-31 年齐大医院收入 109393.42 美元，其中除差会补助 38885.14 美元，捐赠 4947.05 美元外，剩余皆为医院住院收费及门诊收费等收入。"[191]因医院所收各费，均见增加，

185　《英租界选举人常年大会》，《益世报》（天津），1930 年 4 月 17 日，第 10 版。

186　《卫氏博济医院第十九次报告书》，《教会战后医院报告及公理会文件》，天津市档案馆藏，档案号：401206800-J0252-1-003019。

187　孙玉文：《华北教区教区会议暨医务概况》，《圣公会报》1934 年第 27 卷第 6 期，第 12 页。

188　《昌黎广济医院每年出入款项及预算一览表》，*Missionary Files：Methodist Church, 1912-1949*，Wilmington, Del：Scholarly Resources Inc，1999, Reel.70.

189　《山东博济医院改组》，《中华归主》1936 年第 164 期，第 15 页。

190　张横秋：《华北公理会两年中特殊之发展》，《中华基督教会年鉴》第 13 期，第 52 页。

191　《齐鲁大学附属医院报告》，山东省档案馆藏：私立齐鲁大学档案，档案号：J109-03-0047.

故虽西国捐款减少，而医院之工作仍能维持。1936 年时，华北公理会开办的 6 所医院，不计总部拨款及捐献外，仅靠病人收费已可以满足运营支出，且多出 50789 元盈余。[192]而华北教会其他医院，同样病人收入成为医院的主要收入来源。如 1933 年时，美以美会开办的昌黎广济医院收入 10784 元，其中住院费 6944 元，出诊费 389 元，门诊费 2527 元，构成医院的绝大部分收入。[193]再如英国伦敦会在河北枣强萧张镇开办的医院，1937 年收入 16255.2 元，其中差会仅提供 3446.9 元，其他多靠医院收费维持，如住院费 5961.54 元为最多收入来源，手术费 1200.35 元，药费 2233.45 元，其他还有少数捐献等来源，但仍有 414.9 元的赤字[194]。随着西方来源的经费逐渐减低，中方来款比例大增。如德县卫氏博济医院，"1934 年总入款 31847.47 元，其中来自华人 19914.06 元，占 62.7%；西人 11933.41 元，占 37.3%。"[195]当然在中方的收入中，除了病人缴费捐献外，也不可忽视上文提及的地方政府的捐助支持，这也是教会医院日渐受到社会认可的体现。在当时社会及政府各方面的捐助下，又因此时期公立的正规医院较少，而教会医院医术精湛，故颇得民众信任，导致此时期教会医院的业务日臻繁忙，也基本都实现了盈利，如 1932 年北京同仁医院即盈余 5 千墨元[196]。为了解当时教会医院的详细收入状况，再以下表的 1933-1934 年通县潞河医院收入情况说明，也可看出病人纳费成为医院的主要收入：

表 3-3　　1933-1934 年河北通县潞河医院收入表[197]　　单位：元

项　　目	1933 年	1934 年
上年余款	194.32	2.70
美总会经常费	1662.81	1764.66

192　華北綜合調查研究所：《華北公理會調查報告書》，北京，1944 年，附表：第五表。

193　《昌黎广济医院每年出入款项及预算一览表》，*Missionary Files:Methodist Church, 1912-1949*，Wilmington, Del :Scholarly Resources Inc，1999, Reel.70.

194　"Balance Sheet for 1937"，*Report for the Year 1937: London Missionary Society Hospital, Siaochang Hopei, China*,Tientsin Press Ltd,1937, p.16.

195　《卫氏博济医院第十九次报告书》，《教会战后医院报告及公理会文件》，天津市档案馆藏，档案号：401206800-J0252-1-003019。

196　Hopins Memorial Hospital, Peiping China,p.3, *Missionary Files:Methodist Church, 1912-1949*, Wilmington, Del :Scholarly Resources Inc, 1999, Reel.70.

197　《北通县潞河医院民国二十三年报告书》，1934 年，天津市档案馆藏：《教会战后医院报告及公理会文件》，档案号：401206800-J0252-1-003019。

美总会行市补助金	----	418.00
基本金利息	----	116.03
住院病人纳费	4976.95	4734.00
门诊费	1555.02	1835.29
西人捐款	89.10	363.32
华人捐款	215.19	9.99
美华学校	865.00	890.50
潞河中学	929.00	865.00
富育中学	190.00	200.00
通县女子师范学校	----	40.00
出诊	102.80	223.60
卖品	245.00	296.38
杂入	159.31	----
共计	11184.41	11759.67

　　除了教会学校，医院外，教会博物院、孤儿院等其他社会机构，也是多靠西方差会资金支持，在此时期也面临财政紧张问题。如英国浸礼会建立的教会博物馆：济南广智院，除举行常规展览外，还举行民众学校，巡回书库等活动，花费颇多，而以前多靠教会补助及中西人士捐献维持，时"广智院每年的经费有 7500 元，而英国浸礼会的拨款即达 5500 元。"[198]而当经济危机发生后，英国教会每年仅提供五千余元，同时捐献款也减少，为此在 1933 年及 1937 年，山东省政府主席韩复榘及各厅长等社会各界捐助经费，方才得以维持。同时，该院还改变初期免费参观的制度，开始发售入门券、游览券等门票来增加收入。[199]而在华北的孤儿院、麻风病医院也采取紧缩财政政策，并逐渐与社会力量联合办理，以减轻教会负担。此时期基督教在华社会事业，在外部经费来源紧张形势下，屡获中国本土方面的资金支持，也说明了其逐渐受到了中国社会的认可。

---

198 東亜研究所：《諸外国の対支投資》下卷，東京：東亜研究所第一調査委員会，1942 年，第 183 頁。

199 《广智院发售门票》，《齐大旬刊》1937 年第 7 卷第 17 期，第 148 页。

五、结语

1929 年发生的经济危机，对在华基督教会事业产生了重要影响，直接冲击了以往主要靠外国差会资助传教事业的局面。而华北基督教会也借此契机采取受托主义等多种措施增强自养， 减轻西差会的经济负担，破除教徒依赖西方的心理，自行培养了大批教会的义务传道人员，强健中华教会发展的能力，此乃有利于中国教会本色化的举措。特别是对普通信徒而言，增加了自身为教会服务的意识，使中国的基督徒有强烈的受托意识，进而增加了教会的各项捐款，当然这也与此时期中国经济状况改善有关。同时，教会在应对经济危机过程中，也加强了各教会之间的合作，特别是加强同地方政府及官绅人士的交往，教会学校、医院等社会事业也获取了地方的经费支持，说明社会人士对教会事业认可度的提升。特别是教会为了适应中国经济现状需求，也进行了基督化经济关系方面的积极探索，实行工业改良与工读教育，对中国经济发展做出一定贡献，也一定程度改善了劳工的生活生产环境。而且各教会从事副业，增强了教会收入，工读教育的进行，也提高了学生的工业技能。

因教会自养与自立紧密相关，但来华传教士只是希望中国教会在经济上能够减轻差会负担，却不希望中国教会实现真正的独立。多数外籍教士担心中国教会实现自养后会真正独立，脱离了他们的管理，从而导致其地位下降，而这种心态也影响了教会自养的实现。当时教会的自养措施"多半是由差会决定，有时至为勉强，所以使中国教会感觉到痛苦而不乐意。"[200]且受困于中国教会的经济实力，教徒捐献毕竟有限，当时华北教会大部分资金来源还是来自于西方差会资助，无法真正摆脱对西方的依赖，真正达到自养的教会少之又少。对那些经济上难于独立的教会，在各方面也就难以自立，经济上的受制于人，只能仍惟西方差会和传教士的马首是瞻，华籍传道人仍被视为西方教士的助手和配角，故教会的本色化，首先应该是经济的本土化，不实现此，教会的本色化之路仍远离终点。至于华北教会单纯的工业改良，在不改变当时社会制度，经济条件等现实状况下，也难以从根本上改善中国经济困境。

---

200 黎天锡：《充实中国教会基础的两年》，《中华基督教会年鉴》第 13 期，1936 年，第 12 页。

第四章 基督教与华北乡村建设

20 世纪二三十年代，面对农村积贫积弱的现状，全国上下掀起乡村建设热潮。在此过程中，来华基督教会及教会学校也发挥了重要作用，尤其华北基督教在乡村建设中贡献卓著。在五年运动中，乡村建设也被规划为重要事工，而华北教会乡村建设更是成为全国教会的典型，本章将以 1927-1937 年间华北基督教乡村建设为研究对象，考察教会及教会学校组织的农业改良、家庭卫生、社会教育等活动，探究在动荡的社会环境中，基督教与民国乡村社会的互动影响，以求客观认识其在民国乡村建设中的地位。

一、基督教乡村建设背景

民国时期中国农村普遍落后，农业凋敝，农民困苦，乡村面貌急需改观，"农村破产论"甚嚣尘上。当时的中国社会农民占总人口的 85％以上，改造乡村遂成为促进国家振兴的关键，而广大农村生产力薄弱，农民仍用粗糙的工具与老式方法耕种田地，更由于农民文化水平较低，难以接收新技术，导致农业生产效率低下，"对于周身事物，多无应付之能力，即在农业上，他们对于水旱螟蝗，亦不知其原因及防御方法，农作技术，不知改良。"[1]同时乡村迷信问题严重，民德堕落，洋烟横喷，一男多妻，缠足等陋习盛行。如山东峄县在"一百户的村庄里，没有一个小学校的，随处皆是女孩儿缠足的风气，到现在还未见光明，至于卫生与生产事业等等的改良，更谈不到。"[2]学校中的

---

[1] 晋励新：《读农民宗教读本后的感想》，《希望月刊》1934 年第 11 卷第 9-10 合期，第 24 页。

[2] 刘广志：《由清水河道峄县》，《真理与生命》1934 年第 8 卷第 6 期，第 310 页。

农家子弟，已因经济的穷迫，中途辍学者颇多，大学、中学为更甚。加之政府横征暴敛，兵匪为灾，"土匪蜂起，使农民之男者不得安心于耕种，女者不得专力于纺织"[3]，农民更是消极无知，不知自救。在多种因素的影响下，广大农村处于积贫积弱的现状，甚至"农村破产论"甚嚣尘上，时"农人的生活状况，已较往日困苦，乡村大多数的同胞，每人每月尚不足一元的生活费……生产者衣不蔽体，食不饱腹"[4]；而在农村宗教信仰体系中，迷信问题严重，各种神道及民间宗教充斥乡间，如当时山东龙山地区就有"幻想道、圣贤道、金丹道、圣天道、太阳道、皈一道、一柱香、老君道"等名目繁多的民间教派[5]，加之本土的佛道两教盛行，基督教在农村宗教信仰所占比例较小，"宗教曾藉着各种方式，各种神道，在农村中占据了一种很稳固的足以支配农村生活的势力"[6]，这也对基督教在农村发展带来挑战。如据 1930 年山东省调查，"尽管布道工作已在全省 4715 处市镇与乡村中开展，但仅有 520 处可以发现基督徒，在其他 4195 处却没有任何一位知名的基督追随者"[7]，也可见基督教在乡村中的薄弱。

面对乡村窘境，教会检讨从前种种的活动，只是以基督教为主，"而以中国为其对象工作地，故其观念往往有所拘蔽，不能得一般人之同情，即不能在中国社会内植立甚深之根底。"[8]同时，此时期美国教会兴起的农业传教思潮也影响到了中国教会界，有"美国农业之父"之称的农业传教士包德斐（K.L.Butterfield）也来华宣讲其基督教乡村建设理念，推动了中国教会乡村建设的兴起。1928 年的耶路撒冷大会更是提出重视乡村工作，"差会地区的乡村工作是中西教会必须要服务的一个有机组成部分，要建立一种核心是基督教的乡村文明"[9]。而这也直接影响到了中国教会的工作重心由城市到农村的转移，为其投身农村建设提供了契机。而南京国民政府成立后，众民间团体及

3　袁柏樵：《中国基督教学生运动》，《微音》1928 年第 1 卷第 1 期，第 32 页。

4　于德纲：《三年乡村工作回忆》，《真理与生命》1934 年第 8 卷第 6 期，第 314 页。

5　郑子修：《龙山三月记》，《青年进步》1928 年第 109 期，第 89 页。

6　党美瑞：《基督教与农村生活》，上海：广学会，1935 年，第 19 页。

7　Arthur Judson Brown , *One Hundred Years; a History of the Foreign Missionary Work of the Presbyterian Church in the U.S.A* ,New York : Fleming H. Revell Company , 1936,p.378.

8　吴雷川：《论中国基督教会当注意预备乡村布道人才》，《真理与生命》1928 年第 3 卷第 6 期，第 157 页。

9　Rowland McLean Cross, *Christianity in Revolutionary China*, Boston: American Board of Commissioners for Foreign Missions, p. 18.

政府机关都在"复兴农村"目标下，也掀起轰轰烈烈的乡村建设运动，共产党也在苏区进行了土地改革，这些行动都刺激了在华教会。当时教会人士也反思："十余年来的农村复兴运动中，中国基督教是显然地落后了，而此种深入民间的运动，几乎与颇能深入民间的基督教没有什么关系了。会中虽有二三人士注意及此，但究竟还没有引起全教会的注意。"[10]但如何而能使凋敝之农村，焕然重振，如何而能使奄奄垂毙之民众，自拨更生，都是中国基督教会乡村建设中所面临的难题。

在华教会也认识到中国是一个农业大国，农民为国民主体，不从农村、农业、农民入手，很难振兴教势。此时期教会也想通过改变乡村面貌，来满足农民在生产和生活上的需求，进而改变农民对教会的偏见，借机吸引对基督教感兴趣的民众入教。如美国传教士裴万铎（Watts O. Pye）曾言："农业工作使教会与农民结成自然而持久的联系，从而将会有助于教会工作。通过乡村建设活动，教会将会获得更多的信众。教会的自传根本在于民众经济条件的改善，与农业问题紧密相连。"[11]同时，教会也认识到在国势日蹙，民生日困的现状下，特别是随着日本的步步侵略，仅靠单纯的社会救济无力改变社会，非群策群力改革旧制度，建造新社会不可，开始将工作转向以适合于实际的人生和改造现社会为目标。故各教会也紧密融入中国社会，更加关注社会现实，因着时代要求的迫切，已经从自身的组织与训练，转成直接改造社会的责任承担，所以乡村改造成为五年运动的重点事工。五运发动后，当时协进会专门成立了基督化农民生活委员会统筹此项工作，并指派干事张福良负责基督教乡村建设事务。张福良还于 1930 年出版了《基督教农村运动》一书，论述了基督教乡村工作的开展建议，他还认为五年运动应该接受中国乡村生活的挑战，并对全国性的乡村建设作出基督教的贡献[12]。在此形势下，"到民间去"、"到乡村去"也成为华北基督教会的重要使命，并开展了卓有成效的乡村建设。

<hr>

10 郑庭椿：《基督教对于中国社会建设之贡献》，北京：燕大基督教团契，1939 年，
　　第 2 页。

11 "An Outline Statement on the Need and Advantages of Establishing Agricultural Work
　　in Connection with the American Board Mission, Fenchow, Shansi, China", *Papers of
　　the American Board of Commissioners for Foreign Missions. Unit 3, Missions to Asia,
　　1827-1919,* Woodbridge, Conn. : Research Publications, 1982, Reel 313, p. 591.

12 F.L.Chang, "Go to the Church", *The Chinese Recorder,*January 1930.p.18.

二、华北教会的乡村建设工作

此时期，华北教会积极投入到乡村建设中，"对于民生困难的乡村，教会正可设法帮助农民改良农业，使生计逐渐宽裕，更易得农民的信仰，进而改良整个农村的生活，巩固乡村教会的基础。"[13]教会的乡村建设很有针对性与计划性，多在前期调查基础上，涉及农业改良，乡村卫生，农民生活等问题。而其目的并不是以教会为原点去推广社会福音，也不急于发展教徒，而以乡民最迫切的需要为指向和参照构建服务体系。

当时华北各教会支持乡村建设，更提倡基督徒参与乡村建设工作，"深信基督徒最大的贡献，即本着基督的精神和原理去改进乡村生活。"[14]而华北地区乡村建设还成立了统一的组织，即华北基督教农村事业促进委员会。1931年10月17日-18日，华北基督教会议代表北平公理会招待所举行会议，商讨成立华北基督教农村事业促进委员会，并讨论了该会的临时章程，专门研究农业问题，为农村教会开展特殊服务，以变基督化乡村社会为目的，再求唤醒人民的灵性生活[15]。后该会于1932年4月在北平召开第一次正式会议，讨论了各项工作的开展计划。当时该会组织单位有美国长老会华北宣教会、美以美会之华北众议会、华北公理会及伦敦会之华北委员会，合作单位则有金陵大学、燕京大学，特请中华基督教与友爱会，及华北其他有相当组织，而赞成并具有同情与本团者，皆可加入。[16]

华北基督教农促会成立后，山东、河北、山西等教会先后成立支会，开展乡建活动，且各有特色。如山西支会重视乡村工业，织造羊毛一业尤为发达。在太谷设有农村工作人员训练所两处，重于改进农事方面之训练。该支会家庭委员会于各区内进行基督化家庭运动之事工，亦甚努力，且有相当之成绩；山东支会则设有合作社研究会，对公共卫生方面大有贡献，并有龙山

---

13 余牧人：《我所参观的几个华北乡村教会》，《金陵神学志》1932年第14卷第7-8合期，第78页。

14 《华北基督教乡村建设事业会议大纲及议案》，《华北公理会月刊》1931年第5卷第3期，第29页。

15 "China" ,Quarterly Notes, No.38, *The International Review of Missions* ,Vol.22 April 1933,p.2.

16 The North China Christian Rural Service Union Branch Constitution, April 21,1932, p.1, *Conference of British Missionary Societies Archives*, China, N.C.C Committee, Box.362, No.14;《华北基督教会农村服务团章程》，《华北公理会月刊》1932年第6卷第5期，第49页。

实验区；河北支会设有禁毒委员会，进行调查事宜，并刊印各种禁毒宣传品。该会家庭委员会在海珥玛（Irma Highbaugh）指导之下，成为国内进行基督化家庭运动最有力之团体，所有调查工作与文字宣传等项，均能引起各地教会领袖对于基督化家庭需要之认识。此外，樊家庄农村服务社，潞河农村服务部通县支部，以及通州农村试验区所有工作，如冬季短期学校，平信徒训练班，传道人员夏令会等均进行不遗余力。[17]华北农村事业促进会还与中华全国基督教协进会合办农村实验区：一为定县农村实验区；一为通州农村试验区，并组织了通县乡村服务指导团。为叙述方便，现选取教会实验的个案，对其乡村建设进行专门介绍：

（一）华北美以美会乡村实验

第二次鸦片战争后，美国美以美会于 1869 年派传教士刘海澜（H. H. Lowry）来北京传教，正式开始在华北活动。此后美以美会又相继建立北平教区、京兆教区、天津教区、遵化教区、山海关教区、滦县教区等六大教区，并于 1893 年组成华北年议会[18]，成为华北地区典型的新教差会之一。本节将通过对华北美以美会的平民教育、农业改良、家庭卫生改良等具体乡村建设活动的考察，研究来华基督教会与民国地方社会的互动影响，以求客观认识基督教在华活动。

1. 农业改良活动

当时的华北农业生产效率低下，农民只知靠天吃饭，农业收入寒微，美以美会对此开始推进农业改良，提高农民收入。早在 1921 年，美以美会在昌黎开办的汇文中学专门成立农科以培养农业人才，学生半工半读，边在学校学习，边在实验场进行农业实验。1923 年夏季，汇文农科的学生实习时，在五里营一带推广新农药砒酸铅，除治葡萄害虫"虎蛾幼虫"，大见成效，得到了广大果农的赞赏，这是昌黎县果农利用农药杀除葡萄和其它果树害虫的开端。1926 年，美以美会又将汇文农科改为"华北美以美会昌黎农业试验场"，与南京金陵大学合作，专门进行果树栽培农业改良工作。1929 年春，美以美

---

17 《中华全国基督教协进会第十一届大会报告》，上海：中华全国基督教协进会，1937 年，第 77 页。

18 *Journal of the Annual Meeting of the Board of Foreign Missions of the Methodist Episcopal Church*, New York：Cable Address Missions, 1933, p.207.

会又在北戴河海滨东山开辟了一个新果树试验场[19]，以昌黎为基地，海滨为分场。1931年秋，昌黎农场被汇文中学接管，改为综合试验场，果树、种畜、农作物和蔬菜等被列入研究范围。[20]时美以美会传教士辛柏森（Willard J. Simpson）负责农场工作，他为农民开设一年的农业课程，在学习农业改良知识的同时，又从事改良实验。[21]学员毕业后，又在附近村庄宣传农业新技术，并应用于果树栽培等个人农业活动实践，收效颇大。1931年出版的《中华基督教会年鉴》曾专门提及实验场的贡献，称其对于果树之虫害详细研究，并用药剂喷杀，成效显著[22]。1933年，试验场曾着力试验改善农产，防止灾害，并由美运来果树种植。[23]农事试验场的建立，对果树在昌黎的栽培、新品种的引进与推广，起到了积极作用。试验场还进行谷物改良，推广西方农作物，曾从美国引进玉米优良品种"大白马牙"，在昌黎和遵化一带推广，很受群众欢迎；西红柿、菜花等菜类也是由农事试验场引进，在昌黎一带推广开的。试验场还在昌黎教区曾推广过"波支猪"、"约克夏"、"巴克夏"等优良猪种和优良谷种"八益谷"，以及推广紫穗槐的种植和使用新农药防治果树病虫害等技术。[24]试验场还不断开辟试验种类，据1936年农业试验场报告，当时农场有养鸡实验，开有家庭菜园及果木园，并用水果熬制醋。[25]

至于华北美以美会农业改良初衷，也带有传教的目的，时教会乡建人士曾云："对于民生困难的乡村，教会正可设法帮助农民改良农业，使生计逐渐宽裕，更易得农民的信仰，进而改良整个农村的生活，巩固乡村教会的基础。"[26]时昌平实验区也注重宗教教育，设立布道部，每一、三、五到各乡村布道，散发劝世传单。而就效果而言，入教者颇不乏人，1934年，昌平教区"新添

---

19 A. L. Carson, Christian Institutions and the Rural Reconstruction Movement, *The China Christian Year Book:1936-37*, Shanghai: Christian Literature Society, 1937, p.247.

20 贾玉洪：《昌黎农科及昌黎农场》，《昌黎文史资料选辑》第1辑，昌黎，1986年，第43页。

21 The Church and Rural Building, *The Chinese Recorder*, August, 1932,p.518.

22 周明懿：《五年来教会之乡村工作》，《中华基督教会年鉴》第11期，第131页。

23 华北美以美会：《华北美以美会第42次年议会录》，天津，1934年，第410页。

24 河北省政协文史资料委员会：《河北文史集粹》民族宗教卷，石家庄：河北人民出版社,1992年，第262页。

25 高竹林：《美以美会农业试验场报告》，《消息汇刊》1936年第2期，第27页。

26 余牧人：《我所参观的几个华北乡村教会》，《金陵神学志》1932年第14卷第7-8期合刊，第78页。

慕道友 40 人，薪金领洗教友 12 人，并在四乡经教友与农民捐助教堂 4 处。"[27]昌黎教区则组织克礼布道团，每天下乡布道，听道的人总是拥挤不下，信而归主的人每天均有[28]。

2. 开展平民教育

民国农村农民文盲现象十分突出，受文化水平较低，大多不识字，也影响了民众识读圣经，故教会也在各地推行平民教育，设平民教育股，设立识字班及各类平民学校，讲授千字课，并组织有平校教员训练班，以提高教徒及非信徒的文化素质，并培养教会领袖人才。

华北美以美会的早期识字工作主要是由美国女传教士海珥玛（Irma Highbaugh）在昌黎地区的妇女中推动。昌黎地区含 10 县，有 70 座教堂，时美以美会发现各教堂都有许多不识字的教友，不会读《圣经》，致碍教会发展，就于 1925 年发起妇女平民教育运动，开办妇女识字班。由于民风未开，普通民众对平教学校带有怀疑态度，初期平校学员也多是教徒。当时为招收学员，教会还请当地素有声望的老太们去劝导一般阻止其媳妇或女儿进平校的婆婆或母亲们，让他们的媳妇和女儿来平校读书。海珥玛时曾称办学困难云："要得一个平校的学生，须经三次到六次的探访，要得一个义务教员，须经至少两个月到两年的工夫。"[29]平教运动开始时，初期由当地牧师寻找合适地点，请妥义务教员，即开办平民学校。南京国民政府成立后，随着政府提倡妇女教育及解放，民众对妇女态度改变，识字工作也日渐受到欢迎，妇女入学者渐多。为了扩大平校范围，教会多与村长联系，开宣传大会，以新家庭运动，布道会或其他宗教训练会收效为最著。在大会中，每一次团体集会，最少有一部分活动是以提倡平民教育为目标，以此招收新学员。据海尔玛 1934 年报告昌黎识字班情况："第一年识字班总计有一百多个人，后来递年都增加两千多人，到了末了一年，虽然昌黎有战事发生，识字班人数增加反突过二千数目。在九年中，识字班人数计达到 9339 人之多，其中约有三分之二是妇女"。[30]妇女识字班除当时教授的科目有三种，千字课（识字与书法）是每天必授的科目，

27　田立功：《北平汇文神学院昌平县乡村工作实验区概况》，《真理与生命》1934 年第 8 卷第 6 期，第 286 页。

28　田立功：《汇文神学昌平县工作实验》，《兴华》1934 年第 31 卷第 19 期，第 31 页。

29　海珥玛：《河北昌黎美以美会的平教工作》，《金陵神学志》1934 年第 16 卷第 3-4 期合刊，第 33 页。

30　海珥玛：《河北昌黎美以美会的平教工作》，第 32 页。

家庭中心的宗教教育每周两次，还有家庭卫生教育，教授的课本则用平民教育促进总会所出的《农民千字课》。而在开学时间上，一般以农闲时的每年十月至翌年三月为学习时间，学期满后，教育自行考试，合格者发给毕业证书，并专门开毕业会[31]。教会还为千字课毕业生和受过少许教育的妇女开设高级班，使用青年协会的平民读物和《平民月刊》及《福幼报》作为教材。但是，每年识字班的入学人数虽多，但坚持学完课程毕业者却甚少，时常有学生因各种原因退学。据 1929 年报告，当时有学生 1099 人，毕业者却只有一百人[32]。

因资金缺乏，教会也注重征求义务教员，召集平校学生，探听创办平校的地点和校舍及愿意资助平校者。平民学校教员教授用的书籍和图书，由平教委员会购备，学生用书多自费购买。在昌黎开办平校前期充任教员者只有牧师，女传道和教会学校的教员，后毕业后之学生，即可作教员，而牧师及女传道员则多处于指导或督促的地位，故推广甚速。当时的平教教员，有由平校毕业者，少有受过高中教育者，最多数是初等小学毕业程度，由识字班而来的领袖日益增多，故教会又为他们开训练会及各教区的宗教教育训练会，教授平教知识。时美以美会在昌黎开办的贵贞女子初中也负责训练平教学校的女子教师，由女传教士戴耶（Clara Pearl Dyer）与两名中国助手负责训练，教学组织极其完备周密。[33] 1936 年，昌黎汇文中学还利用寒假，邀集在昌黎、滦县、乐亭农村任教的毕业生，返校参加短期进修班，同时以学校为中心，成立城乡教育联合网，借以巩固、发展农村教育。而当时教师大多是义务任教，受薪者占少数，据昌黎教区 1934 年报告，"四年来平校教员有 582 人，其中男教员 251 人，女 331 人，其中义务教员 487，受薪者为 95 人"。[34] 义务教员的设立，也促进了妇女灵性生活的进步。"许多女信徒因为当义务教师，自己在知识上不能不求进步，因为在教外人中间服务，自己不能力求生活基督化以为非基督徒的模范。"[35] 平民学校在成绩上尤其显著，在短时期内将目

---

31 《基督教与平民教育运动》，1930 年，第 25-26 页，上海档案馆藏，档案号：U123-0-156-1。

32 《全国基督教识字运动研究会报告书》，1930 年，第 28 页，上海档案馆藏，档案号：U123-0-156-3。

33 The Church and Rural Building, *The Chinese Recorder*, August, 1932, p.519.

34 《近数年来中华基督教平教工作统计表》，《中华基督教会年鉴》第 12 期，第 213 页。

35 《全国基督教识字运动研究会报告书》，1930 年，第 29 页，上海档案馆藏，档案号：U123-0-156-3。

不识丁的妇女，训练的能读能写。一代学生毕业后，毕业生就转为教员，成为第二代千字课班，保证了学校的师资。[36]当时昌黎教会的平教运动因同时开展宗教教育，故在传教上的效果比较突出，因平民学校而加入教会之妇女为数亦多。经1934年调查，当时大部分学员为非信徒，但经过学习后："有20个堂会于三年中，目不识丁的教友，已有百分之五十变为识字的教友，其余百分之五十不识字的教友，鉴于平教的成功，亦源源加入教会识字班，文盲的问题于此竟迎刃而解。"[37]。此外，昌黎美以美会还试办全民学校，男女老幼于一校教育，特别注意公民及生计教育，创办年余，成绩颇佳。

美以美会在河北滦县安各庄村的民众教育较为典型，成为河北民众教育示范区。美以美会牧师田立功于1929年到安各庄布道，因失学儿童甚多，故整理男女学校，协助教读，到各教友家劝令子女入学，年终有男生36人，女生12人。[38]他还于1929年开设平民学校，教授千字课。第一期平民学校有两班，男女教员为附属男女高小毕业生，均为义务人员，以后每年冬季都开办平民学校。"1932年4月止，在三年时间，已在18村庄开办有56班平民学校，有男女学生768人。"[39]安各庄因为平民识字工作与宗教教育的努力，教友数目骤增，经费因之充裕而自立。平教学生与教友数目及自养捐款一同继增长高，各村庄中几无一无教友矣[40]。据1932年调查，美以美会安各庄教会，"1929年教友118人，捐款240元。到今年不过三年，教友增到二百名，捐款增到450元。牧师薪金由教友供给，已经完全自立。"[41]平校的开办，也引起了地方政府的重视与支持。河北省教育厅视察员称安各庄为河北民众教育模范区，在对该会所办平校大为嘉奖后，即着滦县教育局每年津贴每一平校经费10元，学生担负亦可因此稍轻。[42]政府教育当局对该会努力平民教育极表赞美，不但

36 《昌黎静颐园续记》，《消息汇刊》1936年第3期，第4页。
37 海珥玛：《河北昌黎美以美会的平教工作》，《金陵神学志》1934年第16卷第3-4期合刊，第33页
38 田立功：《乡村教会经验谈》，《金陵神学志》1932年第14卷第7-8期合刊，第58页。
39 田立功：《乡村教会经验谈》，第58页。
40 田立功：《一个乡村教会工作的实验》，《中华归主》1930年第128期，第4页。
41 朱敬一：《北行观感录》，《金陵神学志》1932年第14卷第7-8期合刊，第82页。
42 余牧人：《我所参观的几个华北乡村教会》，《金陵神学志》1932年第14卷第7-8期合刊，第74页。

予以津贴，且并不干涉对平校学生的宗教工作。此外，安格庄教会在普通教育方面也有增长，"附设男女小学学生只有数人，现在男校增加到 30 名，女校 40 名以上。"[43]

鉴于平民教育重要性，华北美以美会当时规定每教区至少须开办平民教育一班，又相继在华北各教区开有类似平民学校，提倡识字教育。1930 年时，美以美会在滦县、遵化、山海关三教区共 70 余处平民学校，学生千余人，有视察专员协同布道员共同指导，经费则由热心乡村教育者资助[44]。昌平实验区的乡村教育部设有平民学校、平民问字处，平民书信处，专门为乡民服务。1934 年，"男女平民学校 8 处，学生 158 人。"[45]滦县美以美会平民教育突出，五年之内，毕业学生有三千之众。[46]1932 年冬，滦县美以美会决议在四个月期间内，招收 2 千文盲入校读书，聘请一百位热心义务人员，担任教职，在 20 余教会达到的地界，成立学校 100 处。但煤油炭火及书笔纸张等费用不足，故在教会报纸《兴华报》上公开向社会各界募捐资助。又据 1932 年遵化教区报告，"该区当年开办有 39 处平校，学生 1182 人，其中当年毕业生 108 名。"[47]当时的平民学校分初级班、高级帮两种，初级班以四月为期满，每日 2 小时，卒业考试及格及格者，发给平教总会之证书，再升入高级班。据 1934 年报告，美以美会在昌黎、滦县、遵化三县的平民教育，"仅 4 年的平民教育就招收了 693 个班，学员达到 8983 人。"[48]同年，"京兆教区则有男女千字课 35 班，学生 825 人。"[49]北平教区还专为文盲率较高的妇女开办识字班，"1934 时，该区已开办 60 班妇女识字班，学生 1500 人，毕业者有 500 人，教师有 25 人"[50]。华北美以会还注重对乡村妇女及女孩的宗教教育，专门开设两所妇女新光

---

43 余牧人：《我所参观的几个华北乡村教会》，第 74 页。

44 《全国基督教识字运动研究会报告书》，1930 年，第 19 页，上海档案馆藏，档案号：U123-0-156-3。

45 田立功：《北平汇文神学院昌平县乡村工作实验区概况》，《真理与生命》1934 年第 8 卷第 6 期，第 286 页。

46 石廷栋：《滦县美以美会平民教育募捐》，《兴华》1932 年第 29 卷第 45 期，第 31 页。

47 *Missionary Files:Methodist Church, 1912-1949*, Wilmington, Del :Scholarly Resources Inc，1999, Reel.70.．

48 河北省地方志编纂委员会编：《河北省志》宗教志，北京：中国书籍出版社，1995 年，第 472 页。

49 《美以美会京兆教区工作简报》，《中华归主》1934 年第 148 期，第 7 页。

50 《近数年来中华基督教平教工作统计表》，《中华基督教会年鉴》第 12 期，第 213 页。

学校，设立专业课程，培养女布道员及基督化家庭工作者[51]。为培训平校师资，教会还为平校义务教员每年至少开传习会一次，训练他们在教学上和服务上，以基督的精神去帮助社会[52]。

当然在平民学校开办过程中，美以美会也注重传播基督教，注重对学员的宗教教育，设有查经班、成人主日学、儿童主日学，学员义务参加。在平校教师训练班中，也有祈祷查经，非信徒参加者颇多。而平教学校的开办也成了布道的出发点，加入教会的信徒多由平校而来，大多数的平校，都规定了宗教教育的时间。同时平教运动，注重男女合作，不但使男信徒对于乡村思想提高，对于妇女地位也同时提高。虽然有许多平校学生未公然加入教会，然而他们的态度和一切生活却受了宗教极大的影响。民众的态度也有所改观，以前对教会不注意者，自平民教育受民众欢迎后，大都愿意和教会亲近。1934 年时，"昌黎教区查经班新收领洗教友十人，记名教友二十余人"[53]。对于平民教育对布道的促进作用，美以美会干事李美博也称："华北各教会，凡认真努力倡办平民教育的，教友莫不大增，教会也莫不跟着兴旺起来"。[54]然而当时华北农村入教的基督徒的质量却一般，对宗教信仰并无深刻体会，部分甚至是盲从或出于功利心入教，"只知不拜假神，请牧师记名领洗，就算做了基督徒。"[55]

3. 卫生、家庭改良活动

民国农村家庭仍多盛行旧风旧俗，民众日常家庭生活陋习颇多，生活极不注意卫生，妇女更是只知做饭育子，生活单调。美以美会为此专门进行卫生、家庭改良，推行公共卫生，父母教育，青年人婚姻指导，产科卫生训练班，家庭运动周等活动，以提高农民的生活质量。

当时农村公共卫生意识淡薄，美以美会也注重讲授宣传卫生常识，提倡现代卫生。昌黎教会特组织家庭卫生访问团，从事于访问各会员家庭，对其进行卫生指导。京兆教区的乡村卫生事业尤其出色，他们通过训练义务领袖，由一个家庭起首，改良环境卫生、教育育儿方法及个人卫生习惯。由于农村

---

51 Irma Highbauge, "Christian Work for Rural Women and Girls", *The Chinese Recorder*, June 1936,p.352.

52 《全国基督教识字运动研究会报告书》，1930 年，第 19 页，上海档案馆藏，档案号：U123-0-156-3。

53 田立功：《汇文神学昌平县工作实验》，《兴华》1934 年第 31 卷第 19 期，第 29 页。

54 余牧人：《我所参观的几个华北乡村教会》，第 75 页。

55 李少玲：《到昌黎后的观感》，《真理与生命》1935 年第 9 卷第 2 期，第 87 页。

妇女接生不科学，婴儿死亡率颇高，还注重训练妇女产科卫生，包括产前卫生、产时卫生、保护婴儿眼睛的方法与产后卫生。待婴儿出生后，又教授妇女婴儿及儿童护理法实习，包括养成儿童的好习惯，婴儿饮食的分配法，婴儿疾病的预防法等知识[56]。而在举办短期学道班中，也涉及卫生讲题，尤其专注意儿童题目。滦县安各庄教会1932年也聘产科女医士一人，专任接产及诊治普通病症。昌黎教区的卫生工作则由广济医院的美国医生劳恩（Viola Lane）与一名中国医生负责，他们经常到附近村庄巡诊防疫，并发起婴儿护理运动，在集市上散发传单，宣传卫生知识。[57]昌黎教会在1934年还专门制定健康家庭计划，宣传各种家庭卫生知识，尤其是还用简单实惠的方法教授帮助乡民防治常见的沙眼[58]。昌黎教会还组织产科训练班，学习时间为两星期，1936年时，学生有四十余人，学习新式接生[59]。华北当时天花流行，美以美会还在当地种痘防疫以预防天花。如昌平实验区于1934年3月举办试种牛痘大会，每礼拜一、三、五到附近村庄试种牛痘，所到20余村，施种600多人。[60]1934年初，昌黎教区专门组织施种牛痘培训班，教授学员预防天花，有学员在学成后曾在北戴河为五百人施种牛痘[61]。1934年，汇文中学举办的短期教师进修班上，学校还聘请广济医院的医务人员讲授医学知识，制作保健箱，请教师带回农村，传播卫生常识。抗战胜利后，昌黎汇文学校还开办卫生保健班，培养了二十多名学生。他们毕业后分派到滦榆区，以福音堂为基地办卫生所，在农村中从事卫生服务。此外，华北美以美会还与乡村学校合作，注重学生卫生工作，在学校中检查学生体格，矫正学生缺点，设立环境卫生的设施，进行沙眼预防及疗治，改善学生体质。

华北美以美会以服务妇女、建设新家庭为宗旨，还注重农村家庭改良，尤其是妇女问题。据教会调查员所述："乡村妇女因识字少，知识方面，非常

---

56 贺淑静：《美以美会京兆教区乡村卫生事业报告》，《消息汇刊》1936年第2期，第24页。

57 "The Church and Rural Building", *The Chinese Recorder*, August, 1932, p.519.

58 Viola Lantz, "Better Health on the Three Districts", *The China Christian Advocate*, September, 1934, p.8.

59 管萃真：《基督化家庭运动》，《中华基督教会年鉴》第13期，第82页。

60 田立功：《北平汇文神学院昌平县乡村工作实验区概况》，《真理与生命》1934年第8卷第6期，第288页。

61 Viola Lantz, "Better Health on the Three Districts", *The China Christian Advocate*, September, 1934, p.8.

落后，如集市期，妇女仍不敢去赶集，缠足之陋俗，至今仍未完全革除。对于儿女教育不甚注意。"[62]1930年，全国基督教协进会在全国教会中发起基督化家庭运动，也为华北美以美会所推行。华北美以美会每年都举行基督化家庭运动周，并组织母亲会，讨论各种家庭及卫生问题，并举办家庭饮食展览。家庭运动周的讲题涉及个人卫生习惯、砂眼预防、缠足、改良家庭环境等话题，还通过个人谈话，实地教授家庭卫生方法，并组织民众扑灭苍蝇以杜绝传染。1934年，美以美会京兆教区男女两部合作推动基督化家庭运动，宣传家庭改良，"共到了10个教会，用了52天，到了31个村庄66个家庭，参加各种集会的听者有3876人。"[63]而美以美会在宣传卫生知识时，还将其与宗教教育相结合，同时宣传基督教义，"宗教教育股与卫生股都打成一片，不分彼此，各尽所能。"[64]鉴于妇女缠足者颇多，教会还成立天足会，通过散发传单，张贴标语 演讲大会等形式劝诫妇女放足。1936年9月，华北美以美专门在北平西山召开女领袖进修会，来自昌黎、京兆、山海关等六教区的代表参加。会上讨论平民教育、公共卫生、家庭改良及乡村布道等问题[65]，对乡建活动作出规划。美以会还对乡民实施公民教育，提倡戒烟酒，拒赌嫖，组织公益演讲会，改变农民生活陋习。"安各庄平校毕业的学生，还组织了道德提升俱乐部，专门发起抵制各种农村不良习俗。"[66]至于教会家庭教育的效果，时昌黎教会人士曾称："赌博咒骂的恶习日见其少，做丈夫和做父亲的也渐能拿他们的妻子和女儿当人看待。"[67]

当时华北农村父母对儿女教育也不重视，"对于儿女将来，也没有计划，不过长大时，替他们找个好媳妇，找个好婆家，就算完成了父母的责任。"[68]故昌黎美以美为此开办父母研究班，选用广学会出版的《基督徒对于儿女应有之态度》为教材，讨论学习家庭教育问题。初时只成立三班，后因其他家庭因见加入父母班之家庭有了改变，因而也要求组织父母班。于是由教会专开父

---

62 李少玲：《到昌黎后的观感》，《真理与生命》1935年第9卷第2期，第87页。

63 《美以美会京兆教区工作简报》，《中华归主》1934年第148期，第7页。

64 李少玲：《到昌黎后的观感》，《真理与生命》1935年第9卷第2期，第87页。

65 《河北美以美会举行女领袖进修会》，《田家半月报》1936年第3卷第19期，第9页。

66 The Church and Rural Building, *The Chinese Recorder,* August, 1932,p.519.

67 《基督教与平民教育运动》，1930年，第29页，上海档案馆藏，档案号：U123-0-156-1。

68 李少玲：《到昌黎后的观感》，《真理与生命》1935年第9卷第2期，第87页。

母训练班，后又增添 4 个父母研究班[69]。研究班多设在教友家中，每星期上班一次，每年合计开班约四五个月。班中研究题目多系基督教家庭宗教生活，家庭宗教教育等问题[70]。时参与学员的受到影响颇深，将所学知识施于儿女，更有组织家庭礼拜者，将宗教观念传与儿童。还有学员感叹："从前我认为我的儿童是应当属我自己的，我自己可以随意管教，但现在我明白儿女原来是上帝所赐给的产业，我们应当按照神的旨意来管教。"[71]美以美会还为学校中青年学生设立家庭教育课程，正如一位中学校长："我们必须先由领袖教员及学生之家庭入手，否则我们所讲的便不能影响别人。"[72]当时美以美会的教会中学多用公民及社会学为家庭教育之教材，女子中学及妇女学校多以卫生及儿童管理法、烹饪、女红等，使学生对于家庭有深刻之观念。华北美以美会设有家庭教育研究会，多为非基督徒参加，学习管理儿童管理法，并为中学及平校学生设立青年成家准备班，以为青年人婚姻准备，使得青年男女得有组织家庭的相当标准。即使抗战爆发后，美以美会的家庭教育活动仍保持进行。如 1939 年，"山海关教区曾组织 4 处演讲，白天演讲农业卫生和父母教育，晚间则开奋兴会，每处到会人数，每次 150 位。"[73]当时教会所希望的家庭教育最佳效果则在于："做妻的应知如何理家，使家庭生活清洁，使知小孩养育教导的重要，使知夫妻和睦合作的必需，使之切实的用最经济的方法，来实行做一个良好的基督化家庭。"[74]而华北美以美会为提高农村妇女收入，还注重生计教育，设立短期讲习班或学校，教授她们刺绣，纺织及烹饪等实用技术。当时昌黎教区在马池口村设立妇女职员学校一处，教授妇女学习绣花等手艺，成绩大有可观。学员四个月毕业，不但使之能写会算，藉着刺绣，每天还有两三毛钱的进项[75]。

美国美以美会在华北的乡村建设活动，虽然实验活动地区有限，但教会界人士与神学院、中学的教育界人士皆投入到乡村改良运动中，其活动逐步

69 海珥玛：《河北昌黎美以美会家庭工作方法》，《道声》1936 年第 7 卷第 6 期，第287 页。

70 管萃真：《基督化家庭运动》，《中华基督教会年鉴》第 13 期，第 82 页。

71 海珥玛：《河北昌黎美以美会家庭工作方法》，《道声》1936 年第 7 卷第 6 期，第287 页。

72 海珥玛：《河北昌黎美以美会家庭工作方法》，《兴华》1936 年第 33 卷第 35 期，第 29 页。

73 华北美以美会：《华北美以美会第 46 届年议会记录》，北京，1939 年，第 52 页。

74 蒋翼振：《河北教会新气象的鸟瞰》，《圣公会报》1932 年第 25 卷第 13 期，第 17 页。

75 田立功：《汇文神学昌平县工作实验》，《兴华》1934 年第 31 卷 19 期，第 30 页。

适应乡村需要，与地方政府，民众密切合作，也是民国乡村建设热潮中的重要组成部分。华北美以美会的乡建活动也在一定程度上改变了华北地区乡村落后面貌，提高了当地民众的文化与生活水平，让华北乡村民众得以接触到现代农业及家庭卫生知识，尤其美以美会农科及农场的设立，不仅推动了优良农业品种在当地的推广，而且培养了一批果树栽培和管理的等专门的农业技术人才。当然美以美会的乡村改良也带有传播宗教的功利动机，虽然吸引了部分民众入教，但并未实现中华归主的最终目的。而美以美会的乡村建设，同其他基督教差会在华的乡建活动类似，"太零碎，轻易在人才、经济、计划、事工各方面，无适当之标准及持久之毅力……其能维持数年之久，却是敷衍局面，无焕发奋进之气。"[76]而在基督教在华乡村工作开展中也遇到了民智不开，迷信太深，风俗不良，民情太坏等诸多困难，加之缺少人力及财力，又逢频发的战乱，来华传教士并未认识到中国乡村社会的根结所在，只寄望于通过简单的改良而不变革社会体制，无法真正改变乡村社会现状。

（二）华北教会组织的乡村实验区

1. 汾州乡村实验区

1931 年，汾州中华基督教会乡村服务区在三泉镇成立，设立布道部、农业部、医学部，设有医学主任、女布道员、农业主任、总务主任各 1 人。当时实验区开展工作，涉及识字、卫生及布道等活动。

汾州实验区在农民识字方面，鉴于文盲太多，设立平民夜校，于1931年10月1号开学，学员20余位，其中商界、农民皆有，他们每夜上学，甚愿识字求知，课程有卫生、唱歌、千字课、珠算及故事等；该区还设农民游艺室，有象棋、兵乓球等，该镇高校学生亦来，以减少农民赌博、吸烟及串门等习俗；农民知识方面，该区则有农民阅报室，内设教会及世俗报纸等。但开办后农民阅览者很少，其故在于民众识字很少，思想顽固，对于国事新闻冷淡导致；农民卫生方面，该区附设农民医病所诊医民众，开办后医治病人男女老幼50余人。诊所特为服务，非为营利，故病人来者拥挤不退，并特购卫生画片大张50张，卫生参考书40余种，农民借阅者甚多[77]。实验区也适应当时民众需要，备画片到乡村演讲卫生，医治农民病症，赴各村农民甚为欢迎。

---

76 徐宝谦：《基督教农村运动》，《中华基督教会年鉴》第13期，第97页。
77 任百川：《汾州中华基督教会乡村服务区的设施及进行情况》，《总会公报》1932年第4卷第1期，第987页。

同时，该区亦注重乡村布道，首先接洽区公所于介绍信给各村，后男女布道员、护士携药箱及卫生画片、圣经书片等布道。1931年，"已走过七八个村庄，到各村村政公所，村长鸣锣召集同胞，听众到处不下百余人，甚至于三四百男女，其故有村长之提倡、新式之宣道法及医病所致也。"[78]另该区还开男女学道班以启教友之新道，灌教友之新知。

2. 山东中四区实验

由山东英国浸礼会组成的山东中华基督教会中四区也在山东青州、北镇、邹平、周村四区推行乡村建设。1930年7月1日，山东中华基督教会中四区平民教育部成立，分生计教育股、文艺教育股、宗教教育股及卫生教育股，其中宗教教育培养信徒灵性生活，识字教育提高民众文化，卫生教育则宣传医药卫生常识，促进身体健康；生产教育改进农业生产，提倡家庭付业，增加家庭收入，提高农村家庭生活。该实验区具体工作，曾设立乡村药库，准备了30余种普通药品；设立平民书室，有数十种平民书报；并拜访家庭，与妇女接近，引导家庭礼拜；另有公民训练，每礼拜召集妇女举行一次聚会，活动有公共讲演、母亲会、少女会、妇女同乐会、游戏指导、礼拜及查经等。[79]1934年，该区平民教育部又利用益都齐东大坡庄已故教友刘疏贞捐赠教会房产，计地23亩，草屋一幢，设办平教实验处，邀请金大农林专科毕业王贡廷其负责主持，进行农业改良实验。然而，山东的平教区在1934年底却因经费问题不得已停办，主要原因在于英浸会断绝了经费支持，"差会方面决定放弃山东工作，其所有经济上的津贴，将于最短期内抽尽。"[80]

3. 保定樊家庄实验区

1933年底，华北农促会还在保定樊家庄作为实验区正式开展乡村建设，这也是该会追求的以乡村为中心的实验模式的实践之一。该村247户，1800余口人，当时实验区还规定了三原则，"不拿金钱去买得农村事业之速成；只服务社会，不急于传教；埋头苦干，对外不作宣传，亦不欢迎外人参观。"[81]实

---

78 任百川：《汾州中华基督教会乡村服务区的设施及进行情况》，《华北公理会月刊》1931年第5卷第9期，第21-22页。

79 张乐道：《山东中四区平教中心点近况》，《总会公报》1932年第4卷第4期，第1132页。

80 《青州平教停办与教会关系》，《兴华周刊》1934年第31卷第37期，第29页。

81 P.C.Hsu,"Christian Rural Reconstruction in China", *China Christian Year Book, 1936-37*, Shanghai: Christian Literature Society, 1937, p.321.

验区工作分教育、卫生、生计、家事等，设立女子学校，组织成立合作社，推广优良品种，改善乡村贫困。实验区赁屋一所，随时前往聚集农民，讨论他们所急需的事项，指导鼓励他们自己解决问题。实验区每年还举行农产展览会，如 1936 年展览会除农作物产品外，还包括农家的工艺制品，棉花籽油及鞋袜围脖等，并向乡民提倡施用碳酸铜去除高粱和黍米的黑穗病[82]。在卫生工作上，则提倡公共卫生，向民众接种牛痘，并组织产婆训练班，由保定的护士来帮忙开办，"1933 年，有 32 名妇女参加训练班，实验区从中挑选了 6 名作为乡村助产士，为其配有干净的全套助产用具。"[83]宗教工作起初不列入实验区原定计划，在开始的两年，实验区也甚少涉及宗教活动，到 1935 年秋，因部分民众自动要求学习圣经，始才组织圣经班[84]。时圣经班每两周一次，由传教士胡本德（Hugh W. Hubbard）讲授宗教课程，并对参加学员给予基督教的教导。"这个班开始时有 15 人，但很快增加到 100 人。结果有来自 13 个家庭中的 49 人记名，渴望通过进一步的指导加入教会。"[85]但随着 1937 年抗战的全面爆发，实验区被迫停止活动。[86]

三、华北教会学校与乡村建设

此时期，华北各地的教会大中学校及神学院校，也均适应农村发展要求，投入乡村建设运动中，或开设农业课程，或进行推广实验，成为教育界乡村建设的重要力量。而教育界与教会界的乡村建设的显著不同之处，也在于后者的宗教色彩相对浓厚，而教会学校的乡村建设则是更加将改变乡村面貌放在更加重要位置。正是基于此故，在 1930 年代召开的三次全国乡村建设会议上，燕大、齐大及铭贤学校都派员报告了各自乡村实验情况，而教会组织的各实验区并无派员参加，这样是教会学校世俗化的表现。

---

82 胡本德夫人：《樊家庄试验村报告》，《消息汇刊》1936 年第 2 期，第 23-24 页。

83 *An Experiment in Christian Rural Reconstruction at Fangchiachuang*, Paotingfu, China, Reprot from Nov.1,1933 to June 30,1934,p.3, *Conference of British Missionary Societies Archives* , China, N.C.C Committee, Box.362, No.15.

84 Letter dated 22 July 1936 from Elmer W. Galt at Paotingfu, China,p.2, Manuscripts Division, Special Collections, J. Willard Marriott Library, University of Utah.

85 *The One Hundred and Twenty-sixth Annual Report of the American Board of Commissioners for Foreign Missions*, Boston: The American Board, 1936, p.5.

86 关于樊家庄实验区的情况，在刘家峰的《中国基督教乡村建设运动研究》（天津：天津人民出版社，2008 年）及毕晓莹的《美国公理会与民国保定乡村建设述论》（《古今农业》2012 年第 1 期）等论著中已有详细的研究，本文不再赘述。

（一）教会大学的乡建活动

1. 齐鲁大学与燕京大学的乡村建设概况

在教会大学方面，主要为齐大、燕大成立的龙山实验区及清河实验区，将在下节详述。除了齐大神学院在龙山组织乡村服务社外，为适应乡村建设热潮的新形势，齐鲁大学于1931年成立乡村建设委员会及乡村服务指导团，专门制定了《齐鲁大学农村服务大纲》，详细规划了齐大的乡村服务计划，文理学院还开设了农业课程，供学生选修[87]。齐鲁大学生物系还于辛庄设生物研究所，以研究农业卫生问题为主。齐鲁大学还于1929年在校内创办农场，"当时以适合于本省之优良作物品种极感缺乏，故致力于育种及繁殖工作"，改良作物有195号小麦、8号粟、1116号大豆及马铃薯、高粱、棉花品种，后因抗战全面爆发而停止。[88]齐大公共卫生系则与邹平合作促进该地农民卫生，与历城第六实验区合作办理儿童卫生事宜。该系还与小儿科合设良母训练班，灌输一般家庭主妇以保婴之智识[89]。1935年，该系为促进人类健康起见，特组织良母训练班，以灌输各种家庭卫生知识，及教育儿童之方法。训练班以三个月为期，每周在齐大医学院、女青年会及胶济路部店车站三处讲授，分课室讲授与实习两种，未婚，结婚皆可，小学中学毕业或略识字者，均可加入。三月期满，成绩合格者，即发给证书[90]。良母训练班此后每年举办多次，学生逐年增多，到1937年初，该班已毕业4班，人数不下百余人，城关商埠无处不有[91]。齐鲁大学公共卫生部还注重助产宣传与婴儿卫生教育，并组织了儿童会与母亲会，另有产科卫生谈话、候诊教育及个别谈话等服务，但因经费拮据，导致产科设备缺乏，无力举办免费收生。[92]此外，齐鲁大学还于1934年秋成立乡村服务人员专修科，训练乡村服务人才。1936年时，齐大又成立乡村工作推广部，利用齐大各院系资源，并同广智院、田家半月报社等共同推进乡村建设[93]。

---

87 "Ruralization Programme",*Cheeloo Monthly Bulletin*, No.7,April 7th,1931,pp.4-8.

88 《本校农场过去及将来》，《齐鲁大学校刊》1948年第63期，第6-7页。

89 中华基督教会全国总会：《中华基督教会全国总会第四届总议会议录》，青岛，1937年，第110页。

90 《齐大医学院组设良母训练班》，《北平医刊》1937年第5卷第4期，第51页。

91 《良母训练班毕业会员合作会成立》，《齐大旬刊》1937年第7卷第13期，第110页。

92 郭承信：《齐鲁大学公共卫生部妇婴卫生工作概要》，《公共卫生月刊》1935年第1卷第6期，第54-56页。

93 《山东齐鲁大学将成立推广部》，《田家半月报》1936年第3卷13期，第9页。

　　燕京大学此时期更是重视乡村建设，校务长司徒雷登曾专程考察定县实验区，很多师生到山东邹平、江西黎川等乡村建设实验区参观访问。燕京大学早在 1922 年即成立农场，1924 年起得华洋义赈会资助，从事农业实验。到 1929 年又扩充为农事试验场，分作物、畜牧、果树园艺三部，到 1930 年因经费问题由金陵大学代管，取消畜牧，果树园艺两部，专攻农作物实验。[94]后该试验场集中进行谷子、小麦、高粱、玉米四种农作物的改良试验，并在河北各乡镇农村推广使用。燕大自 1926 年起，还每年秋季举行农产展览会，农民选送农作物进行比赛评奖，鼓励农民竞赛精神，激发农民生产积极性。如 1930 年第五届展览会时，参加的有 9600 余人，设有的陈列室有作物部、园艺部、家禽部、养蜂部、乳业部及售品处，比赛处等，所参展农产品涉及谷物、玉米、高粱、白薯，棉花、花卉及果品等。[95]1933 年，在司徒雷登的敦促和指导下，燕大院长委员会多次召开会议讨论乡村建设问题，讨论的问题包括对燕大的课程进行调查，了解现行课程对乡村建设的作用，发现其中的缺点并加以改正；计划各系如何设置与乡村建设相关的课程；与其他乡建机构合作；培养乡村建设人才；设立奖学金等。[96]

　　值得一提的是，1934 年，燕大法学院还增设农村建设科，聘杨开道为主任，专事研究农村问题及造就农村建设之人才，把社会、经济、政治、教育、家事、化学、生物等系所有关于农村的研究和工作集中起来，各系通力合作以求了解中国农村和促进农村建设。"凡经济、社会，政治、教育各系之主修学生有志赴农村建设者，可选习农村建设课程，当年开班课程由合作，近代欧洲农村经济，农村社会学，比较农村建设学及农村教育五门"。[97]农村建设科的学生在四年级第二学期实习，百分之三十时间对于县政府及平教会之组织作一大概之考察与研究，其余百分之七十则用以考察研究其所选自之专门工作。[98]而此科的开办，也为当时中国的乡建活动培养了一批急需的专门人才，适应了社会的需要。

94　于振周:《为燕大农事试验场取消畜牧部及果树园艺部与华北民众之商榷》,《燕大农讯》1930 年第 3 卷第 9 期，第 1—2 页。

95　《第五届农产展览会记略》,《燕大农讯》1930 年第 3 卷第 8 期，第 1 页。

96　杨开道:《燕京大学农村建设工作》,《乡村建设实验》第 2 集，上海:中华书局，1935 年，第 117—126 页。

97　《北平燕京大学》,《教育季刊》1934 年第 10 卷第 4 期，第 150 页。

98　《华北农村建设协进会训练研究委员会纪录》,北平，1936 年，第 136 页。

2. 齐鲁大学龙山实验区

早在 1923 年，齐鲁大学神学院的乡村教会系和教师养成系即选址济南历城县的龙山镇作为实习地点。1926 年，神学院决定常驻龙山，将其作为乡村计划实施区。翌年，神学院发起组织"乡村服务实验委员会"，又成立了龙山基督教农村服务社。当时龙山镇有村庄 40 余村，约有居民 460 户，土地 6000 余亩，[99]除了少数经商者外，居民大都以务农为生，为典型的农业乡村社会。

1932 年，齐大乡村建设委员会在龙山进行了不同类型的农村生活统计调查，又成立了龙山乡村服务社，设立了指导计划的总机构——龙山乡村服务委员会，接替神学院在龙山的工作。服务社的宗旨为：本基督牺牲博爱的精神，改造乡村，服务民众，达到基督教救国救民的目的。[100]委员会的组织分为四个股农业经济股、教育股、卫生股、家事股四股，分别开展相应的乡村建设工作。1933 年，龙山实验区又选择龙山镇周围 15 里内的 139 个村庄作为实验活动区[101]，以扩大影响。为推进工作进行，服务社进行了各村详细调查，了解乡村实际需要，并组织村长会，藉以发表本区计划，鼓励农民合作，征求农民意见等。[102]

（1）龙山服务社的实践活动

服务社在龙山首先是改良农业经济，这是此次改良活动的重心所在，主要分农作物种籽之推广，病虫害之防除，耕作方法之改良及家禽之推广等工作。因山东盛产棉花，但产量不高，齐鲁大学龙山服务社积极倡导农民种植美棉。为了消除农民的保守心理，他们在龙山先建立示范农场，让农民亲眼目睹高产棉花的好处。同时还开办训练班，讲习科学种棉、防治病虫害的方法。为了让农民互相切磋技术，提高棉花的管理水平，还组织了种棉社，并开办训练班，协助农民购棉种棉。据该社 1935 年 4 月的报告，"共成立棉社 25 家，包括 50 余村庄，共得棉户 330 余家，新成棉田约占三千余亩，共用棉

99 《齐鲁大学山东历城龙山镇农村服务社工作概况》，章元善、许仕廉编：《乡村建设实验》第 1 集，上海：中华书局，1934 年，第 180 页。

100 《山东龙山乡村服务社举行退修会》，《田家半月报》1936 年第 3 卷第 9 期，第 7 页。

101 "The Cheeloo Villiage Service Center at Lungshan",*The Bulletin of the National Christian Council*, No.50,March 15,1934,p.7, *Conference of British Missionary Societies Archives*,Asia Committee, China,Inter Documentation Co., 1984,H6027.

102 苗俊长：《中国乡村建设鸟瞰》，《乡村改造》1937 年第 6 卷第 1 期，第 18 页。

籽一万三千三百余斤。"[103]美棉比普通的棉花每亩增产大约 10% 到 20%，所以极受农民欢迎。乡村服务社还成立棉花销售合作社，以解决棉农的销售问题。到 1935 年 3 月，已经成立了二十家棉花销售合作社。[104]此外，服务社还开展了引进优良家畜，以科学方法防治病虫害的试验。"本社所产之来航鸡及卢岛红鸡所产之蛋，亦大半为农民换取，作为孵鸡之用。防御高粱与谷子产生的黑穗之炭酸铜粉，亦仍旧畅销。"[105]不过，这些活动规模较小，成效也不显著。

服务社还利用金陵大学农学院之活动电影及该社特制图表、模型等物，定期到各村进行农业巡回演讲。为鼓励农民的生产事业，服务社还定期举办农业展览会，进行农展品评比发奖，使民众认识农村服务社工作。1932 年 11 月 10 日起，服务社举行展览会 3 天，"所有展览品，除一部之标准陈列品外，余皆为当地农民送来产品，共计 210 余号，间放农事电影及演讲，第 3 日并专门接待妇女。"统共来人，日晚约在三千左右"。[106]展览会特收集外间优良品种，以及病虫害标本，并征收当地所有农产，分别陈列一室，以便农民有长时间之观察。此后每年都有展览会之举办，会上的化装表演颇受民众喜欢，服务社人员排演了"娘们的主张"的新剧，内容新颖，举凡昔日官场黑幕、中医的劣根性、巫婆骗财害命的罪恶、无知妇女的迷信等，都描写的十分生动，对改变乡村陋俗大有帮助。[107]另服务社组织附近村庄演讲，宣传农业种植常识，拜访农家指导农事，并应邀到邹平、潍县、德州等地进行农业推广实验宣传介绍。另设立农民补习班，课目有农事常识，珠算，农家记账法，合作训练等。

为解决农民缺乏生产资金的难题，1932 年冬，服务社组织农民建立自己的信用合作社，办理储蓄贷款业务。"经费由金陵大学出五百元，齐大出五百

103 《齐鲁大学乡村服务社工作报告》，乡村工作讨论会编：《乡村建设实验》第 3 集，上海：中华书局，1936 年，第 305 页。

104 《齐大乡村服务社工作报告》，《齐大乡村服务社会议通知、课程意见、报告书、大纲等卷》，山东省档案馆藏：齐鲁大学档案，档案号：J109-01-132。

105 《齐鲁大学龙山农村服务社工作月报，1935 年 4 月》，青岛市档案馆藏，档案号：B0034-001-00203。

106 《齐鲁大学龙山镇农村服务社工作状况》，《乡村建设》1933 年第 3 卷第 12 期，第 16 页。

107 江灵波：《农村服务工作宣传展览会详志》，《齐大旬刊》1936 年第 6 卷第 26 期，第 183-184 页。

元，县立农民贷款所借予四百元，连同社员会费百元，共计千余元。社员每股 5 元，按六厘付息。借贷时以地契为抵押，贷款额不得超过百元，月利 1 分 5 厘。"[108]但贷款只能用于生产消费，而不能用于日常生活消费，合作社的利润用于学校，公路及其他福利事业。联合社可以自顾职员，且可以本身即有资金，而供社员之用。1934 年 8 月，又成立合作社联合会，作为指导机构。"到 1937 年 4 月，在龙山已组织 24 处信用社，参加者有 343 人。"[109]当时农民盛行高利贷，农民苦不堪言，为辅助无力加入联合社的民众从事小本农民家庭副业，服务社还推行小本低息贷款，举凡农工商经 2 人以上之介绍担保，均可向该区借得此项贷款。"信用社存款为每月一分的利息，每人借款数额四元到十元不等，月息一分二厘，期限最多两个月。"[110]这个办法在一定程度上解决了一些农户和小手工业者的资金问题。"到 1935 年 9 月，已借出七百余次，乡人颇感便利。"[111]由于信用社借款利息较低，也影响了当地其他金融机构的利息，"迫使当地通常的月息从 4%降到 2%，"[112]以吸引农民借款。服务社还征求本地农民为社友，合组农村服务委员会，一面使农民直接参加工作，一面藉培养地方自治之人才。而从当时农民对龙山实验的态度看，亦逐渐认可，据传教士报告，"乡民非常高兴，我们彼此间有良好的互信与合作，实验区正在吸引国人的注意。"[113]

龙山服务社鉴于民众受教育水平低下，一切活动以教育为中心开展，期望提高乡民文化水平。该社教育分学校教育、社会教育两种，社会教育活动为举办短期平民补习学校，作通俗演讲，创办图书馆等。平民补习学校系与各村塾师合作办理，农忙时他们指导塾师教小学生，农闲时则与塾师合办民众学校。1936 年，"此种补习学校共办 4 处，计得学生 63 名"[114]。考虑到当

108 杨绳武：《中国新兴教育之片断》，《仁声季刊》1933 年第 7 期，第 5 页。

109 Charles Hodge Corbett, *Shantung Christian University（Cheeloo）*,New York: United Board for Christian Colleges in China, 1955,p.224.

110 《齐鲁大学乡村服务社龙山实验区》，许莹涟、段继李等编：《全国乡村建设运动概况》，邹平：山东乡村建设研究院出版股，1935 年，第 809 页。

111 《齐鲁大学乡村服务社工作报告》，乡村工作讨论会编：《乡村建设实验》第 3 集，上海：中华书局，1936 年，第 305 页。

112 Jessie Gregory Lutz, *China and the Christian Colleges, 1850-1950*,Ithaca: Cornell University Press,1971,p.292.

113 Dr Robin Mosse on Cheeloo's Rural Work, *Christian Universities of China Bulletin*, February 1935,No.11, p.10.

114 《齐鲁大学乡村服务社工作报告》，《乡村建设实验》第 3 集，1936 年，第 306 页

时妇女文盲较多，该区特举办了妇女识字班，1934 年初时已成立了 7 班，并为妇女举行了一系列的会议与展览以开拓她们视野。[115]在学校教育方面，服务社还成立男女初级小学，最初不收学费，以补乡村教育之不足，后收取少量学费。1933 年，男校有学生 25 名，女校有学生 27 名。[116]后该社又办 2 处初级小学，到 1935 年因政府公立学校质量增加，乡民对新教育渐知重视，乃将 3 所小学交至政府接办，仅留 1 处改为社会中心学校，作为政府学校的补充，并成为重要的社区中心。

服务社还在龙山开设图书馆、书报室，备有报章杂志、平民读物及儿童读物等，为乡村教师、小学生及识字农民而设。"农民前来阅读者，每日平均约五六人，借书者尚不甚多。其原因是因已有书籍，十九不合于农民阅读及读书习惯之未开。"[117]识字的农民和小学生经常前来借阅。另为方便乡民借阅，开设巡回书库，内储有关农事、教育、卫生、故事等类百余种，每半月轮流一村，以便农民就近借读。服务社还注重对民众的通俗教育宣传，1936 年，山东龙山乡村服务社举行宣传大会，组织演讲、展览及戏剧表演共三天，如展览共分平民教育、公共卫生、家庭改良、消费合作四部，[118]受到了农民的欢迎。时平民学校的毕业生和小学生还为农民表演戏剧，如"懒人的希望"，"上了不识字的当"等通俗短剧，启发了民智。后又出版《龙山通讯》，编写龙山小史，作为宣传工具。[119]农村服务社在龙山地区置办了娱乐及运动设备，由教员示范教授，民众参与度极高。1937 年 5 月，服务社还联合当地小学举行了联合运动会，组织附近民众参加，有球类、田径及跳绳、担水、推车等适合民众参加的项目，并发送奖品[120]。

115　"The Cheeloo Villiage Service Center at Lungshan",*The Bulletin of the National Christian Council*, No.50,March 15,1934,p.8, *Conference of British Missionary Societies Archives*,Asia Committee, China,Inter Documentation Co., 1984,H6027.

116　阎克烈:《山东龙山农村服务社现况（续）》,《农林新报》1933 年第 10 卷第 9 期,第 171 页。

117　《齐鲁大学山东历城龙山镇农村服务社工作概况》,行政院农村复兴委员会秘书处编刊:《一年来复兴农村政策之实施状况》,南京，1934 年，第 319 页。

118　《山东龙山乡村服务社举行宣传大会》,《田家半月报》1936 年第 3 卷第 12 期,第 8 页。

119　《齐大乡村服务社工作报告》,《齐大乡村服务社会议通知、课程意见、报告书、大纲等卷》,山东省档案馆藏:齐鲁大学档案，档案号:J109-01-132。

120　《农村服务社联合运动会》,《齐大旬刊》1937 年第 7 卷第 24 期,第 212 页。

历来中国乡村公共卫生意识淡薄，农民的医疗条件极差，故服务社专门成立卫生股负责乡村疾病治疗，婴儿卫生保健，学生卫生指导，公共卫生筹措等工作。[121]齐鲁大学医学院于1930年在此设立诊疗所，由护士常驻在此，为民众看病。在开办当年五个月时间，曾为182名病人诊治[122]。平日驻所者有卫生股主任及看护各一，重病者则送齐大医院治疗。诊疗所收费极微，每人只取挂号费数枚，药品奉送。1934年的报告中说："每逢本镇大集，由齐大医院的医士二人轮流前来治病。其他时间则有护士二人，担任平时或复诊之病。"[123]因当时农村风气未开，来诊所的女病人数量仍低于男病人，1932年时女病人数量仅为男病人数的一半，1933年时则为男病人数的3/5[124]。1934年4月23-29日，服务社还专门举办了公共卫生周，先后为79名病人看病，并举办了卫生展览及演讲[125]。随着诊疗所的声誉日高，渐取得民众信任，诊疗人数逐年递增，"1930年273人，1931年685人，1932年1614人，1933年3083人。"[126]服务社的诊疗也收取少量费用，贫穷农民给予酌量减免。服务社还注重环境卫生的改善，"教导农民用适当的方法处理粪便，组织火蝇会，铲除蚊子滋生地，注意烟灶的设置。"[127]如1934年4月23日-29日，服务社举行公共卫生运动周，以图片、模型的形式进行公共卫生宣讲，帮助农民养成洗脸、刷牙、洗手等卫生习惯，三日之内观众共达2千余人[128]。

在公共卫生方面，服务社还于1933年与当地教育局合作，为龙山为乡村小学的学生定期举行体检，检查当地的常见病，如沙眼、口腔病等，由齐大医学

---

121 《龙山实验区一瞥》,《乡村建设半月刊》1935年第5卷第7期，第3-4页。

122 P.S.Evans, A Brief Report of the Health Work at Lungshan, Shantung,*Council on Medical Missions Chinese Medical Assocation Occasional Leaflet*, No.7, July 1934, p.87.

123 "Health Work at Lungshan, Shantung", *Council on Medical Missions Occasional Leaflet,* No.7, July 1934,p.88.

124 P.S.Evans, A Brief Report of the Health Work at Lungshan, Shantung,*Council on Medical Missions Chinese Medical Assocation Occasional Leaflet*, No.7, July 1934, p.88.

125 "Health Campaign at Lungshan", *Cheeloo Monthly Bulletin*, No.7,April 30,1934,无页码。

126 齐鲁大学编刊:《山东齐鲁大学医学院公共卫生学系工作报告书》，济南，1936年，第27页。

127 《对于乡村教会领袖的服务建议》,《乡村服务丛刊》第2号，济南：齐鲁大学乡村服务社，1940年，第3页。

128 齐鲁大学编刊:《山东齐鲁大学医学院公共卫生学系工作报告书》，济南，1936年，第29页。

院公共卫生学系配合开展。该社每年还施种两次牛痘，在 1933 年，该社曾为152 人进行了种痘以预防天花，大部分是学校学生，并为两学校的千余名学生进行了沙眼诊治[129]。此后，每年都有类似活动开展，在 1935 年 12 月，卫生股就为三个学校的学生种痘 272 人，在七个学校 279 人中举办学校卫生教育。[130]对于学生中患有疾病者，即分别诊治，对于沙眼特别注意。对牙齿卫生，亦设法养成学生刷牙习惯。1936 年 5 月，服务社曾到 51 所学校体检，惠及学生 3千人。[131]然而学校卫生事业开展颇为困难，时人曾叙及原因有："学校教员不合作，人民卫生知识浅薄，经济之贫乏，医术人才之缺少等问题。"[132]

为方便农民洗澡，培养其卫生习惯，服务社还设立农民浴室，每池只容 2人，每人不得过 30 分钟，计每月浴客 2 百余人[133]。当时农村对于接生产妇及婴儿的卫生，多不注意，婴儿死亡率颇高。故服务社还提倡科学的接生，特聘请专门产科护士，对当地产婆进行训练，指导产妇卫生。其中，产婆训练的学习时间为四个星期，1934 年时，有四人毕业[134]。而且该社护士的助产费用极低，也符合农民的经济条件，故也颇受欢迎。该区还注重健康教育，特举办母子会，婴儿健康会，孩童卫生会，演讲妇婴卫生各种问题，并表演妇婴卫生戏剧，对民众进行卫生知识培训。此外，服务社还参与了 1935 年黄河水灾的灾民救济工作，对他们进行了收容、防疫与看病工作。

乡村服务社还于 1932 年秋成立了家政股，目的是提高妇女的文化知识水平，帮助妇女处理日常的家庭事务，研究适合乡村环境的营养充足的食物。乡村服务社制订了宏大的"农村家庭工作计划"，具体的内容是教育妇女如何处理家庭的日常事务，诸如食品、服装、家用商品的选择、卫生与家庭健康、家庭关系等，并印行《家庭工作比赛规则》，甚为各地人士欢迎。时美国传教

---

129 P.S.Evans, A Brief Report of the Health Work at Lungshan, Shantung,*Council on Medical Missions Chinese Medical Assocation Occasional Leaflet*, No.7, July 1934, p.88.

130 《齐大乡村服务社工作报告》,《齐大乡村服务社会议通知、课程意见、报告书、大纲等卷》，山东省档案馆藏：齐鲁大学档案，档案号：J109-01-132。

131 齐鲁大学编刊：《山东齐鲁大学医学院公共卫生学系工作报告书》，济南，1936 年，第 25 页。

132 齐鲁大学编刊：《山东齐鲁大学医学院公共卫生学系工作报告书》，第 25 页。

133 李廷安：《中国乡村卫生调查报告》,《中华医学杂志》1934 年第 20 卷第 9 期，第1136 页。

134 李廷安：《中国乡村卫生调查报告》，第 1136 页。

士罗莎尔（Mary K. Russell）担任家政部主任，曾举行了一个关于普通农家抚养孩子的展览，并在全省作巡回展示，影响颇大。家政股还重视对妇女家政问题的研究，"一切家庭问题，均由研究观察感情以及不背农民经济原则与习惯之下，着手定工作目标，已往工夫，多用于初步农村生活的认识。"[135]当时家政股还曾调查乡村小学生四季之食物及家庭工作一切问题，研究乡村环境中如何取得营养充足的食物，并展览儿童适当的食品与衣物，借演说及文字宣传，介绍营养原则于乡村生活，见见将现代教友与科学介绍于乡村妇女[136]。家政股还倡导妇女反缠脚，开办妇女家政班，对妇女进行家庭培训，学习现代科学及家庭知识。尤其是考虑到妇女文盲众多，服务社组织妇女识字班，读书期每年4个月，在农村妇女中开展扫盲，采取半日制，每次上课2小时，所用课本为平教会所编之千字课，并灌输改良农家生活知识。"1935年，开设妇女识字班3处，共有学生37名，已毕业6处。"[137]而服务社举办的农业展览会特设一日招待农村妇女，组织妇女会，有各种关于妇女问题之演讲，游艺，并有茶话会以联络感情，妇女会常在农闲时举行。另服务社还组织母子会，恳亲会、家庭拜访等活动，利用事机，拜访农家，藉以明瞭农家生活情况。家事股还注重的对外的推广，在山东、河北等省宣传家庭健康知识，其中最重要的内容是为儿童食品与衣物教育。但由于民众在生活中未感到家事股工作之需要，加之当地妇女的守旧思想，本股工作总体成效不大。

（2）龙山实验区特点

严密完备的组织计划：龙山服务社内部设有主任一人，负责社内及实验区的日常事务。另设农事股一人，由主任兼任，妇女股、事务股、平教股各一人，医药股医生二人，护士二人，产科助理一人，附设男小、附设女小教员各一人。[138]每周六召开职员励志会，每月开一次工作讨论会，每天秋天举行一次村长及地方领袖大会，以此来促进乡村运动的进行。此外，为了推广乡村事业、达到地方自治的最终目的，征求本区的农民和乡村服务的工作人

---

135 苗俊长：《中国乡村建设鸟瞰》，《乡村改造》1937年第6卷第1期，第19页。

136 《龙山农村服务社》，《农业推广》1936年第11期，第60页。

137 《齐鲁大学乡村服务社工作报告》，乡村工作讨论会编：《乡村建设实验》第3集，上海：中华书局，1936年，第307页。

138 《齐鲁大学乡村服务社龙山实验区》，许莹涟、段继李等编：《全国乡村建设运动概况》，第807页。

员组成了农村服务委员会。服务社不求急功近利，以"实验改良农村"为宗旨，希望事事由小事入处作起，设施不尚铺展，本着农村里呈露的颓衰现象，找出农民根本的需要。故为了达到实效，服务社将全区再划为四个小区，首先进行各地经济、社会等状况的社会调查，做到有的放矢。"每一小区指定一个中心农村，集中力量，以求事半功倍；然后由近及远，向外推广，使工作渐渐普及。"[139]虽然此举可以提高效率，但也限制了服务社的扩展。

雄厚的资源：龙山实验区并不是只靠齐鲁大学自身力量完成，而是广泛利用当时各项优势农业资源，来共同推进农业改良工作，主要与山东华洋义赈会与金陵大学合作进行[140]。如该社合作机关有南京金陵大学农学院担任对外推广，并本区农事股工作；山东华洋义赈会农场供给药料等；齐鲁神学院担任宗教及道德之培养。[141]服务社于1934年组织的棉花肥料实验，即与中央农业试验所，山东华洋义赈会农场合作进行。服务社的农业改良活动，也得到了山东地方政府的支持。时龙山服务社通过全省的生产者协会推广美国棉花种子，农民贷款多少根据棉花种植面积来定。服务社也拥有一批具有丰富经验的乡村改良人才，为了推进乡村计划的进行，齐鲁大学任教的外国职员也相继投入龙山实验。1931年，曾在潍县贾尔森的来齐大教育系工作，后主持龙山计划。1932年，公共卫生专家温福立（Gerald F. Winfield）来生物系任教，并在龙山村庄家庭进行寄生虫病的防治。此外，实验区的活动经费也是来源广泛，当时该社全年经费6千元，全年事业费为860元[142]，则有何氏基金，华北农产改进会，中央农业实验所，美国美以美会妇女部，齐鲁大学医院等多个机构提供经费支持[143]，也保证了乡建活动的顺利推行。

强烈的宗教色彩：作为教会大学的乡村改良活动，自然带有传播宗教的动机，也期望通过乡村改良改变民众对基督教的敌意，进而信教归主，故宗教活动伴随服务社始终。当时齐大神学院即认为："我们应当理解与赞同这

---

139 阎克烈：《山东龙山农村服务社现况》，《农林新报》1933年第10卷第7期，第124页。

140 Kenyon L.Butterfield, *The Rural Mission of the Church in Eastern Asia: Report and Recommendations*, New York: International Missionary Council,1931,p.39.

141 《齐鲁大学龙山镇农村服务社工作状况》，《乡村建设》1933年第3卷第12期，第14页。

142 《龙山农村服务社》，《农业推广》1936年第11期，第59页。

143 徐宝谦：《基督教农村运动》，《中华基督教会年鉴》第13期，第93页。

是一处真实的社区教会，即使它为因此受到不欢迎，也应当坚持基督教的原则。"[144]在早期神学院组织服务社时，重要任务为乡民布道，每周六晚，开门同街坊人们讲道，随时同他们联络交际。服务社还于集日讲道，对于基督道理发生兴趣者，记于日记本上，后对其因势利导，并往周围各村庄布道，吸引乡民的方法则有留声机，唱诗歌，传道单篇及说故事等。[145]服务社布道人员还被邀请去较远的村庄宣教，吸引了青年男女对主日学及赞美诗的关注，带动了宗教复兴。而当 1932 年后，服务社仍定期举行主日学和礼拜活动，希望在龙山建立农村教区，成立基督徒团体，以影响该地区民众的伦理道德和宗教信仰生活。[146]1933 年，服务社人员还前往实验区内的李官庄、甄家庄、徐马庄三村庄布道，组织布道周与帐篷布道，听者甚多，其中记名学道者 30 余位。布道员为维持布道的效果，还定期到以上村庄组织慕道友聚会。[147]每年春节，教会还组织新春布道，前往乡村散发基督册子，组织演讲或个人谈道。教会还组织了 41 人的义工团契，开展各类宗教活动，从当时基督徒人数看，到 1934 年初，该区已有 70 多名教徒，而问道者则不断增加。[148]时齐大的宗教生活委员会还在教堂演讲，主办宗教教育事业。该区每月还举行举荐望友，联络情谊，讨论教务，彼此慰问的例会。但由于地方政府提供了部分经费支持，但不支持传教活动，故服务社不能公开进行宗教传播[149]，加之当地教会人员对乡村工作的猜疑，也无专职的外国传教士及全职的布道人员，教会境况不甚如意。1937 年，在龙山地区 150 多个村庄中，仍然只有 100 多名受浸者。[150]而抗战爆发后，实验区活动仍继续进行，直至 1941 年底才停止。

---

144 *Christian Universities of China Bulletin*,No.12, September,1935,p.12.

145 王贯三：《龙山镇基督教农村服务社报告书》，《鲁铎》1929 年第 1 卷第 1 期，第 116-117 页。

146 "Work and Workers: Lungshan Rural Parish", *The Chinese Recorder*, December 1933,p.829.

147 《山东龙山乡村教会实验区一年来之布道工作》，《中华归主》1934 年第 148 期，第 13-14 页。

148 "The Cheeloo Villiage Service Center at Lungshan",The Bulletin of the National Christian Council, No.50,March 15,1934,p.8, *Conference of British Missionary Societies Archives*,Asia Committee, China,Inter Documentation Co., 1984,H6027.

149 Jessie Gregory Lutz , *China and the Christian Colleges, 1850-1950* , Ithaca: Cornell University Press, 1971,p.294.

150 《龙山服务通讯》，山东省档案馆藏：私立齐鲁大学档案，档案号：J-109-01-330。

3. 燕大清河实验区

（1）成立背景

1928 年，燕京大学社会学系得着美国罗氏基金的特别赠予，故在教师杨开道带领下在清河镇举行社会调查，为开辟乡村实验区做准备。社会学系之所以开展乡村实验，也与当时农村现状及学科建设需要相关。民国时期的中国农村受了内在的外来的种种原因，日趋破产，呈现出凋敝衰落现象，而农村土地及农民都占全国大部分，农村状况不加以改造，整个国家也不容易建设。同时，燕大社会学系认识到改造社会不能闭门造车，中国社会学必得认识本国社会，学术必须以社会发生密切关系，方能造育领袖人才，故为社会学系师生开办实地研究的实验场，以让师生接触认识中国社会。实验区设立的目的，便是为将来有志服务乡村的学生来实习，使他们获得实际乡村社会服务的经验。

燕大社会学系之所以选择清河作为实验区，在于此地与燕大相距不过 8 里，交通方便，学生实习，教员指导便利，也易与北平各专门机关合作。清河实验区以清河镇及其附近四十村为工作范围，包含 3996 个家庭和 22444 名人口[151]，为典型的华北乡村社会。实验区经过一年多筹办于 1930 年 2 月开办，同年 6 月举行开幕典礼，初设服务、经济两股，后扩展到经济、社会、卫生、研究四股。实验区计划 7 内完成，在 7 年内经费，前 3 年由社会学系拨给，至第四年由本地筹担四分之一，此后每年增加四分之一，至第 7 年全由本地筹办。而实验区的工作则涉及农业改良、社会教育及乡村卫生等方面，下面分别叙述：

（2）农业经济之改良

时清河农村农业生产率低下，农民收入低，实验区专门成立经济股，旨在改善农民经济状况，开源节流，开源注重生产技术改良，以增厚农民的富力；节流注重减少剥削农民的因子，以建设合理的经济组织。故实验区工作致力于农业生产之增加，农家副业之提倡，农民合作之指导，以求改变清河面貌。

因当地农民缺乏生产资金，1931 年春开始合作及小本贷款工作。最初只有资本 240 元，借款 1 元-10 元止，须有相当铺保或保证人方能贷与。[152]后有热心此项工作者，贷于实验区 3 千元，办理此项工作。一人之贷款亦由 10 元

---

151 Dwight W. Edwards, *Yenching University*, New York: United Board for Christian Higher Education in Asia, 1959,p.286.

152 《试验区新消息》，《清河》1931 年第 1 卷第 2 号，第 7 页。

增至 20 元，但用途限制极严，只限于投资与生产事业及购买生活上的必需品。1933 年初，未提出合作事业及鼓励农民组织合作社起见，才停止小本贷款。"前后共贷出 3519 元，分配于 234 户。小本贷款取得较大成绩，甚至几个大城市所办的小本贷款，都以之为参照。"[153]

1930 年冬，实验区又试办农村合作社，试行借款，社员购股加入。起初因社员借款太易，发生毛病，后来不敢大事扩充，因严定其借款手续，并稽查借款用途。后实验区从信用合作，已进而为生产、消费、工业、运销等合作，而信用合作社资款虽小，实用甚大。1933 年 2 月 15 日，实验区还与华洋义赈总会协作合办了合作江西班，灌输合作知识，训练经营方法[154]。1934 年时，"合作社已达 12 处，并有联合会 1 处。联合会成立时，社长及农友在燕京举行乡村游艺会，参观者甚众。"[155]但入社民众仍是少数，合作社规定每股 2 元，但对生活困苦的贫雇农来说仍是高门槛。合作社的整个组织过于机关化，组织合作社手续较为麻烦，对指导者来说疲于奔命，合作社也缺乏领袖人才[156]，导致合作社实际推广的困难。1936 年，"本区指导 29 个信用合作社，共有社员 664 人。自集资本有 1478.5 元，从外贷入资本 5865 元。"[157]而合作社的经营却不尽如人意，出现亏损状态。据 1936 年合作社报告，"全年利息盈余 3.5 元，开除营业费、职员津贴及摊提用具外，纯损 10.54 元。"因各村合作事业日渐发展，造就各社人才，实验区还每年开办一次合作讲习会，召集各社社员来听讲，以灌输合作的思想和经营合作业务的技术，授各种合作、农业、经济、乡村建设，社会等课程。

为改变当地农作物产量低下的弊病，实验区开始试验混合选种，选定农家五家，指导试验种植，起初选定农家 5 家，指导试验种植。后因产量提高而不断扩展，"1934 年，实验亩数计有 55 亩，作物类有玉米、高粱、黑豆、谷子等。"[158]同时推广优质家禽品种，到各村演讲外国猪鸡及杂种猪利益，宣

---

153 王贺宸：《燕大在清河的乡建实验工作》，《社会学界》1936 年第 9 卷，第 352 页。

154 许仕廉：《清河镇实验区的合作事业》，《合作讯》1933 年第一百期特刊，第 37 页。

155 《燕京大学社会学及社会服务学系 1933-1934 年年度报告》，《社会学界》1934 年第 8 卷，第 309 页。

156 伍伯禧：《下乡工作的困难：燕京大学学生生活的一个方面》，《独立评论》1936 年第 198 号，第 19-20

157 王贺宸：《燕大在清河的乡建实验工作》，《社会学界》1936 年第 9 卷，第 352 页。

158 《燕京大学社会实验区》，许莹涟、段继李等编：《全国乡村建设运动概况》，第 737 页。

传科学喂养方法及猪圈改良之点。特别是该区还改良本地鸡种，推广美国来航鸡，增加产卵量之用。1931 年，"实验区内养来航鸡有 12 村，来航鸡 1 千支，分养 75 家。"[159]实验区还推广薄荷棉花等高级作物，以增加农民收入。如东北旺合作社，在实验区指导下，试种薄荷二年，获利很厚，其中在 1935 年共推广棉子 3 千斤。[160] 当时还专门成立棉运部进行管理棉花销售，但效果却不尽如意，"1936 年，共收籽棉 11814.8 斤，共价 1942.54 元，扣除各类花销外，纯损 96.03 元。"[161]因华北干旱，无水灌救，实验区还于 1932 年开凿自流水井，水流日夜不息，也在附近村庄推广。此外，清河实验区为促进农业生产，于 1930 年 10 月 24-25 日与燕大农事试验场合办举行农产展览会[162]，鼓励附近村民选送农产品参赛，也借机推广优良品种。此后每年都有举办，"展览品的丰富和参观者的踊跃，在如此的小镇上，是极难得的"[163]。

　　因当时农民收入水平低下，而羊毛输往欧美，其利甚大，故实验区在当地提倡家庭毛纺业。1932 年 9 月，派学生 2 名到北平华工工程学校，专习毛纺工艺。后于 1932 年 12 月，随即开设毛织业训练班，招收农民，分男女两班学习，三个月毕业，学成后即可成立毛纺合作社，共谋生活，报名学习者56 人，女子 13 名。[164]实验区还成立毛布工厂，共有纺车 10 余个，织机 5 架，夏天织布为主，秋冬夏织毛为主。[165]毛纺工作几经研究及改良，技术及货色，均颇进步，曾有花样几十种可作春秋冬三季中西服装料，夏日则织棉布备用，花样亦多。1936 年，经实验区毛织班训练的女工，有 30 多人，能织染的男工已有 10 余人，利用西北羊毛，进行手工纺线及手工织呢。但毛纺实验的发展却不顺，因销路不畅，周转不灵，积存货品 3000 余元。[166]到 1937 年，毛纺工厂以致赔累不堪，终于停工。[167]燕大社会学系四年级学生梁桢亲身参加燕

159　《燕京大学社会学区清河镇社会实验区工作报告》，行政院农村复兴委员会秘书处编刊：《一年来复兴农村政策之实施状况》，南京，1934 年，第 292 页。

160　王贺宸：《燕大在清河的乡建实验工作》，《社会学界》1936 年第 9 卷，第 353 页。

161　《清河合作联合社第七次代表大会记录》，《清河旬刊》1937 年第 112 号，第 1 版。

162　许仕廉：《清河农村社会中心区》，《河北月刊》1933 年第 1 卷第 2 期，第 5 页。

163　《燕京大学农村工作》，《兴华》1934 年第 31 卷第 42 期，第 35 页。

164　燕大社会学系编刊：《清河社会实验》，北平，1933 年，第 18 页。

165　杨开道：《燕京大学农村建设工作》，章元善、许仕廉编：《乡村建设实验》第 2 集，上海：中华书局，1935 年，第 124 页。

166　王贺宸：《燕大在清河的乡建实验工作》，《社会学界》1936 年第 9 卷，第 356 页。

167　《清河燕大农村服务试验区》，《消息汇刊》1936 年第 3 期，第 37 页。

大的清河毛纺织工作，在《大公报》上发表《乡村手工毛呢业之前途》一文，认为清河毛纺织所用之工具，均极不标准化，时代化，违反了进步规律，不应盲目提倡，仍存在技术，经济方面困难。"乡村手工毛呢业之最大的困难，还不是技术上的，而是没有宗教热忱与肯为中国民族幸福贡献其生命的乡村毛纺专家。"[168] 此外，实验区根据当地实际，开展的妇女手工还有地毯，国布印花与挑花，及花生酱三项，以帮助妇女从事副业提高家庭收入。"起初当地妇女对制作花生酱这种陌生的职业并不认可，但实验区的吴榆珍等人在当地大量种植花生后，才被民众所接受学习。"[169]

（3）社会教育之推广

时中国农民文盲率极高，燕大社会学系主任许仕廉在1928年清河调查时，发现不识字率占总人口的69.7%，而且，还没有平民教育的设施，儿童入学率低，报纸等传播媒介也很少。[170]民众的业余生活单调乏味，妇女尤甚。故实验区的社会股专门开展平民教育，社会服务等工作，以改变乡民精神面貌。

鉴于儿童教育的重要性，实验区为儿童设置了儿童会，俱乐部，幼稚园等机构，保证儿童受到良好教育。1930年夏，该区成立儿童会，利用农暇时间，凭识字、游艺及各种娱乐方法，灌输公民训练。儿童在学习6个月后，以性别及年龄关系改组，将失学儿童送入学校，女子编成女工班，幼童另设幼稚班。儿童会至此遂告结束[171]。清河镇幼稚园则于1931年3月成立，招数年龄6周岁以下儿童，后在八家村、三齐村等三村亦设立幼稚园。另组织少年团，招收13-17岁的儿童，课程千字课，游艺，唱歌等。1931年春，实验区为满足儿童阅读要求，还成立儿童图书馆，"花费15美元，购买了170多本书，在40村儿童中巡回传阅。"[172]

当时广大乡村妇女文盲率尤其高，其根本原因在于收入微薄，经济难以自立，故实验区于1930年设立女子手工班，目的在使一般不识字妇女，在习得知识的同时学习生产技能，年龄以12岁-25岁为限。课程方面手工和读书并重，定期6月，期满手工精巧者，每月可得工资七八元左右，不收学费。

---

168 梁桢：《乡村手工毛呢业之前途》，《大公报》1934年6月21日，第3张第11版。

169 Grace Boynton, *Yenching Univerisity Goes to the Country*, Peiping,1933, p.8.

170 许仕廉：《一个市镇调查的尝试》，《社会学界》1931年第5卷，第8-9页。

171 《燕京大学社会学区清河镇社会实验区工作报告》，行政院农村复兴委员会秘书处
   编刊：《一年来复兴农村政策之实施状况》，南京，1934年，第292页。

172 Grace Boynton, *Yenching Univerisity Goes to the Country*, Peiping,1933, p.6.

1934 年，共有学生 46 名[173]。1931 年 2 月，另为妇女成立家政训练班，15 岁以上女子，均可加入听讲，课程有缝纫、烹饪、家庭布置、儿童衣服、食物选择等。实验区的平民教育工作也取得显著成绩，曾有学生 1934 年参观后感叹："五年前，我曾在这里调查本镇妇女生活状况，那时认字的很有限，现在居然能看报了。"[174]当然服务区人员也感叹对少女施教较难，"因为女子年龄稍长，以前从未受过学校式的教育，所以对于教员的指导劝告，往往不能若幼女的虚心接受，并且有时还会对于教员的教导发生误会，停学不来。"[175]

为了解乡村妇女生活，实验区人员还经常进行家庭拜访，并专为家庭主妇设立母亲会。母亲会每周每村开会 1 次，本区派人主领，讲演并讨论家政上各种问题，受到了妇女的欢迎。社会学系学生邓淑贤 1934 年还完成论文《清河试验区妇女工作》，专门调查清河妇女生活，物质方面，教育方面，工作方面，精神方面，包括妇女工作的组织；各种妇女手工业，清河镇妇女教育及卫生工作。调查后指出了实验区妇女工作存在的诸多问题，尤其是缺乏本地妇女领袖人才，农村妇女对于读书往往不感兴趣，因为文字对于她们的生活太没有关联，妇女所用千字课本内容与文字均与男子所用相同，不能适应妇女需要[176]。

时农民业务生活贫乏，实验区还提倡娱乐及体育运动。1930 年秋成立拳术班，教授民众武术。同时改良戏剧，实际之运动挽救颓风，成立清河公余旧剧研究社，爱好旧剧研究。1931 年初，实验区协同本地人士及本镇小学学生表演新剧《平民之光》二日，参观者达千人之多，另实验区本年还举行了恳切会与全镇运动大会，民众参加异常踊跃。[177]后实验区还建设篮球场，教授民众篮球技术。1932 年 10 月，儿童图书馆又改为清河图书馆，以使一般农民增加读书兴趣，知识要求，养成全公民为宗旨，内分成人、儿童、巡回三部，任其取阅，亦可借阅。图书馆并附设阅报室，有平津大小报四种，陈列报纸数份，杂志数份，任民众阅览。"成人图书馆阅览室每日约有四五十人往来，于阅览之外，并作围棋等消遣，但是项阅览室少有妇女插足者。"[178]另实

---

173 张鸿钧：《燕京大学社会学系清河镇社会实验区工作报告》，章元善、许仕廉编：《乡村建设实验》第 2 集，上海：中华书局，1934 年，第 82 页。

174 光録：《到清河镇去》，《北平晨报》1934 年 7 月 7 日，第 12 版。

175 邓淑贤：《清河试验区妇女工作》，燕京大学社会学系 1934 年本科论文，第 92 页。

176 邓淑贤：《清河试验区妇女工作》，第 93 页。

177 燕大社会学系编刊：《清河社会实验》，北平，1933 年，第 39 页。

178 许仕廉：《清河农村社会中心区》，《河北月刊》1933 年第 2 期，第 4 页。

验区还注重宣传，出版杂志宣传介绍各种知识，增长民众见识，先后出版《清河半月刊》、《清河月刊》及《清河旬刊》，另不定期出版壁报，系用黑板以粉笔写明国内外及本地发生重要新闻。

（4）乡村卫生之改进

民国乡村交通不便利，农民看病困难，环境卫生意识淡薄。而尤以看病难问题最为突出，"就按请医买药说吧，乡民有了疾病，想要请个庸医，都得费好多的时间。要抓剂草根树皮的药，也得用半天的工夫。要是有了急病，简直的就得死。再说乡村里住的贫民占大多数，即使病有时间，能等请医来。经济方面又有了问题。"[179]而乡民又极不注意卫生，卫生意识极其淡薄，也导致乡村卫生整体状况不容乐观。

起初实验区没有专门卫生股，附属于服务股。1931年7月1日起，为方便民众看病，协和医院每星期六派大夫来一次，不收药费，只收挂号费铜元十枚，重病随时可到，药房每天开门。1932年9月间，因有专任医生来区，故每周二、四、六开诊三次。"1931年7月-1932年底，门诊治疗人数共1175人，其中男病人886人，女病人289人"[180]。但当时病人多是外科看病，而其中内科少原因在于，乡村对西医诊治内科，尚未十分信任，本地中医甚多，故民众多找中医看病。1932年7月后，实验区自办卫生工作，同年9月正式成立卫生股，后又于1933年春又集资建成乡村医院。自医院建成后，每星期有4天门诊，余两天下乡诊治，因乡村设有分诊所。遇有重病，介绍北平协和医院治疗。医院内原有8病床，但当地农民对住院，手术等西医技术并不信任，习俗颇深，遇有疾病，每不愿投院求治，且花费远高于中医，而医院对重病人无法胜任，轻病人又不住院，导致住院病人太少而停办住院部，医院仅成为农民拿药的诊所。[181]

当时农村天花病人众多，国民政府卫生署种痘条例规定，每年3-5月，9-11月为施种痘时期。清河试验区乡村医院也负责施种牛痘，民众可自行前往接种，"如各村庄有10人以上之团体愿种牛痘者，本院可派专员前往施种。"[182]为方便乡民种痘，1935年，实验区开办种痘传习所，前后毕业15人。[183]

---

179 王石清：《乡村治疗》，《清河》1931年第1卷第1号，第6页。

180 燕大社会学系编刊：《清河社会实验》，第51页。

181 《校医处将开清河养病院》，《燕京新闻》1935年10月22日，第4版。

182 《清河试验区乡村医院施种牛痘》，《清河旬刊》1936年第87号，第1版。

183 王贺宸：《燕大在清河的乡建实验工作》，《社会学界》1936年第9卷，第360页。

实验区还与当地小学合作，举办学校卫生，包括检查体格、矫正缺点、疾病治疗、健康教育及预防注射等，其中每两年一次体检，春秋两季举行种痘运动，并在学校开展卫生演讲，学生遇有疾病来本区医院就医。时4月4日为南京国民政府规定的儿童节，实验区在此前后每年举办儿童节庆祝大会，各村学校参加者，甚为踊跃，并在儿童节日举行扩大施种牛痘。1936年4月3日，实验区乡村医院还举行儿童健康比赛会，施种牛痘，展览室陈列胎儿及卫生及妇产卫生各种图画模型，及各种宣传品，及幼儿适体衣多种。[184]

民国农村拜神求佛盛行，当地曾有民众迷信巫婆妖言，活埋婴儿以保全母亲，但母子却都死亡的例子。实验区也宣传新式接生，破除迷信，希望当地妇女"如果有孕后，就请助产士诊察，这样不但保全婴儿，产妇也没有危险。"[185]1932年7月，实验区从北平第一助产学校请助产士1人，开始助产工作，分接生，产前产后检查，婴儿卫生监察和训练接生人员。助产工作由助产士1人，助手2人，分别下乡调查接生，极得妇女信仰。又医院设有产妇科，置有产床数张，设备完善，乡民称便。后民众因西式接生安全率高，信仰西法产者日深，因之请求助产者日多。到1936年底的四年内，共接生336人，但在家中生产者318人，在院生产者仅18人[186]，可见传统的妇女仍然对新式的医院并不信任。服务区还注重孕妇婴儿检查，进行妇女产前监护、产后护理及婴儿检查护理，以保证他们的身体健康。实验区鉴于传统产婆接生，缺乏卫生常识，危害巨大，"彼等既无学识，又乏技术，以致死于非命者，不知凡几。"[187]故实验区一面宣传新法接生，同时又组织产婆训练，不使产婆失业，且可使之因以谋生，先后举办了产婆训练班与妇婴保健员训练班。如产婆训练班从1932年底到1935年6月，先后举行了6期，培训了49名学员[188]。学员毕业后在附近村庄从事胎前检查，接生，产后护理，种痘等工作。

---

184 《儿童健康比赛结果》，《清河旬刊》1936年第91号，第1版。

185 短评：《迷信的害处》，《清河旬刊》1935年第78号，第1版。

186 《燕大清河实验区的妇婴卫生工作》，《燕京新闻》1936年12月4日，第3版。

187 李廷安：《中国乡村卫生调查报告》，《中华医学杂志》1934年第20卷第9期，第1121页。

188 崔润生：《河北省清河试验区妇婴卫生工作概况》，《公共卫生月刊》1935年第1卷第4期，第62页。

实验区还重视预防夏季流行疫症，因旧式水井缺点很多，不择地，井口低，井上没有盖，易传染胃肠病[189]。故 1931 年，实验区检查清河镇水井，将各井之水送北平天坛中央防疫处查验。各摊贩入夏时，均置纱罩，防止苍蝇。同时，组织清河小学于 1931 年夏举行减蝇运动，"除张贴标语及演讲外，计扑获苍蝇 8 万 9754 头。"[190]实验区还与商会合作，雇佣清道夫 2 名，每日扫除 2 次，泼水一次，经费由商店分担[191]。实验区还注重卫生教育，有游行护士 3 人，实行家庭拜访，散发传单，讲演宣传卫生知识，又有卫生图书传单，分派张贴。1932 年夏，实验区还举行夏季卫生运动大会，举办卫生演讲、卫生表演及扫除大街等活动，此类卫生运动也每年举办两次。时教会主办的《兴华》报纸，曾专门提到清河实验区的公共卫生运动，"他们这样的实行着希望由小而大，做到每个教友，当然后来推至社会，都是活泼的心灵，寓乎健康的身体的地步。这种计划，忽然看过，似手不关什么重要，但是实际说来，却都属于卫生的要件。"[192]纵观当时实验区的卫生工作，门诊治疗及助产工作较有程序，但预防注射及环境卫生等工作则成绩较差，"盖缘于经济及地方风俗人情之隔阂，工作进行，较为困难之故。"[193]

（5）清河实验区的特点

完备的组织机构：清河实验区作为教会大学开办的乡村实验区，也具有完备的组织体系，初设服务、经济两股，后扩展到经济、社会、卫生、研究四股。1931 年初，王石清，周百元发起组成清河镇实验区董事会，1 月 13 日通过会章，通过如何与本地小学合作及如何援助试验区提倡合作推广农业等事。[194]实验区组织设主任 1 人，会计 1 人，四股股长各一人，每股股员三四人不等。另有区务会议，每月举行一次，全体职员参加；顾问委员会，三个月召集一次，由当地绅商，各机关代表，热心人士组成。另设有专门顾问委员会八种，即农业、毛织业、合作、小本贷款、妇女工作、卫生及研究委员

189 邓宗禹：《乡村饮水问题》，《清河》1931 年第 1 卷第 3 号，第 4 页。

190 燕大社会学系编刊：《清河社会实验》，北平，1933 年，第 44 页。

191 《河北省乡村卫生工作鸟瞰》，《公共卫生月刊》1935 年第 1 卷第 1 期，第 83 页。

192 Lora I. Battin：《华北教会琐闻》，《广闻录》1939 年第 6 卷第 8 期，第 7 页。

193 《河北省乡村卫生工作鸟瞰》，《公共卫生月刊》1935 年第 1 卷第 1 期，第 84 页。

194 《试验区新消息》，《清河》1931 年第 1 卷第 1 号，第 7 页。

会，每二月开会一次。[195]实验区原属于燕大社会学系，到 1934 年 9 月则隶属燕大农村建设科[196]。

注重调查研究：燕大清河实验区的突出特色即是其利用专业优势开展社会调查研究，与乡村建设实际活动配合进行，以做到有的放矢，即"先调查事实，再由事实分析问题，再就问题追究解决方法。"[197]早在 1928 年，杨开道等即带领师生在清河调查，为实验区工作作前期准备。燕大社会学系主任许仕廉 1929 年英文写成调查清河现状报告，后以《一个市镇调查的尝试》为题以中文发表在 1931 年的《社会学界》杂志。1930 年，系内教师杨开道、步济时等则合著写成英文报告《清河一个社会学的分析》，分全镇大致调查，地方内各种社团团体调查，分户调查，逐人调查等方式，涉及社会生活方方面面。[198]

1930 年，实验区正式成立后，除社会服务外，小规模的调查及研究工作仍不时进行。实验区还于 1931 年 10 月成立研究股，专门开展清河调查，涉及地理、历史、交通、人口、卫生、教育、乡村娱乐等多方面内容，并组织了青苗会、乡村诉讼及人事登记的专题研究[199]。当时清河的调查也颇受好评，时人曾称："实验区农村调查随上述之实际工作而进展，如农民销售之调查，最予吾人以特别兴趣，燕京大学工作之特点，即在其调查与实际工作之联络。"[200]但调查初期，也受到民众质疑，"常被居民误会，饷以闭门羹，或是故意放出恶狗去咬那调查员。"[201]后随着工作开展，调查工作渐受到民众认同，据参加调查者亲身经历所述："现在调查股，比五年前的调查详细多了，每天能查20 家，本镇的人也很了解。我记得我在那里的时候，常被居民误会，饷以闭门羹，或是故意放出恶狗去咬那调查员。"[202]燕大社会社会学系教师每年带领学

195 《燕京大学社会实验区》，许莹涟、段继李等编：《全国乡村建设运动概况》，第734 页。

196 杨骏昌：《清河合作》，《农学月刊》1937 年第 2 卷第 1 期，第 32 页。

197 许仕廉：《清河镇社会实验工作》，《村治》1933 年第 3 卷第 2-3 期合刊，第 3 页。

198 Cato Young M.S, J. S. Burgess, *Ching Ho: A Sociological Analysis*, Peiping: Department of Sociology and Social Work, Yenching University, 1930,p.6-7.

199 潘吟阁：《考察河北山东农民教育报告》，《教育与职业》1933 年 145 期，第 323 页。

200 《中国农情及经济调查研究报告》，《全国经济委员会报告汇编》第 1 集第 4 种，南京，1933 年 4 月，第 35 页。

201 光録：《到清河镇去》，《北平晨报》1934 年 7 月 7 日，第 12 版。

202 光録：《到清河镇去》，第 12 版。

生到"试验区"实习一个月，并根据调查材料，师生写出调查报告和学术论文，涉及清河人口，集市，各村概况，试验区工作的研究。但清河的调查主要是抽样调查和个案研究，注重数据资料搜集，这些研究对实验区工作开展有参考价值。但随着乡建工作展开，乡建人士也发现调查只是粗浅的反应，不能根本认识中国农村社会，参与调查杨开道曾说："那个清河调查，数目统计虽然也有一点，然而对于中国农村社会的本体，农村社会的主体，并没有摸着一点，老实说起来，社会调查的方法只能作初步材料的收集，作农村概括的分析。"[203]

与各机关密切配合：清河实验区并不单纯靠社会学系力量完成，而是充分利用各项社会优势资源。最为关键的经费问题，有美国罗氏基金提供。[204]每年经费需用七八千元，半由燕大支出，半由私人捐助。[205]而社会学系开展的清河社会调查也需经费支持，当时除学生因毕业论文关系而作调查及研究外，较大规模的研究，均赖甘博（S. D. Gamble）及汤姆生（W. S. Thompson）两先生的捐款完成[206]。此外，北平及各地热心人士，惠假无利资本达7千元之谱，使得小本贷款，信用合作社及家庭工艺及农艺等设施[207]。

在机构方面，起初实验区没有专门卫生股，附属于服务股，后与其他机关合作才专门设立。如1930年8月，为改进该区内卫生状况，与北平第一卫生事务所及宛平县第五区区公所，合组了宛平县第五区卫生事务处一处。1931年7月，又与协和医院、北平公共卫生事务所及第一助产学校合作进行清河公共卫生计划，包括诊疗所、种痘、食品检疫、街道卫生、游行看护、生死登记、学校卫生及儿童福利等。燕大在平校友慷慨捐款，始可有成。[208]实验区于1933年还与华洋义赈会合作，试办农业合作社与合作讲习班。至于农业推广，则利用燕大农业试验场优势，推广实验的西方优良品种。值得一提的是，燕京大学虽为教会大学，带有浓厚的宗教色彩，许仕廉在1928年调查中

---

203 杨开道：《我为什么参加农村工作》，《民间》1936年第2卷第1期，第12-13页。

204 张鸿钧：《本校社会学系清河实验区简单报告》，《燕京大学校刊》1932年第4卷第29期，第2版。

205 孔雪雄：《中国今日之农村运动》，南京：中山文化教育馆，1934年，第439页。

206 黄迪：《清河村镇社区：一个初步研究报告》，北京：燕京大学社会学系出版，1938年，第63页。

207 《燕京大学社会学及社会服务学系1931-1932年年度报告》，《社会学界》1932年第6卷，第334页。

208 《燕京大学社会学及社会服务学系1931-1932年年度报告》，第344页。

也提到"清河虽有一个很好的教堂，但没有牧师礼拜聚会与主日学校，所以又当鼓励教会的工作"。[209]但实验区在开展过程中却几乎没有传播基督教的活动，没有与教会合作联合宣教，当然这也与清河基督教徒偏少有关，"在 1930 年清河调查的 1990 人中，仅有 11 人信仰基督教"[210]，同时也表明教会大学在立案后，其本土化与专业化的趋势日益加强，宗教性日渐式微。

在实验区人员的努力下，清河也成为当时华北模范乡镇，各地前来参观学习者颇多，甚至也引起了外国社会学家的注意。"对于那些对乡村问题感兴趣的学生来说，清河如同一个有意义有吸引力的实验室，它推动燕大更加重视乡村问题。"[211]值得注意的是，虽然当时全国上下都在从事乡村建设实验，清河实验区却有其特色，其利用燕京大学社会学系的独特优势，在社会调查基础上，从中国固有民俗与实地环境中找出改进农村社会工作的技术。时人曾专门指出该实验区的典型："以社会教育的方法为基础，用来发展农村经济及建设乡村卫生事宜。该区工作目标，是要在实验适合里，建立一个适当的实验场。他们所举办的事业，只求适合现有经济能力所可担负的程度，决不求若何铺张，并且根据本地民俗环境，找出合宜的社会控制技术。"[212]但清河实验区只能从表面上改变乡村面貌，不能从根本上挽救乡村困境，正如时人曾评价燕大的清河实验特点："少雄厚的行政的力量资助，无特殊的乡村建设哲学的信念。他们只是在表面上看出了中国乡村中几多欠缺的现象，然后从表面上从各方面加以改进。"[213]而清河试验区工作虽然在北平沦陷后受到影响，但部分工作仍在进行，直到 1941 年底才停止。

（二）教会中学的乡建活动

当时华北多处教会中学，也通过兴办农场，开设农业课程等形式参与乡村建设。教会学校从事农业实验根本目的之一，即为产生农业上之优良材料及适合方法，以此介绍与农民，使可应用于实际，而得以改良农民之经济状

209　Leonard S. Hsu, *Study of A Typical Chinese Town*, Peiping: The Leader Press, 1929, p.15.

210　Cato Young M.S, J. S. Burgess, *Ching Ho: A Sociological Analysis, Peiping: Department of Sociology and Social Work*, Yenching University, 1930, p.137.

211　Dwight W. Edwards, *Yenching University*, New York: United Board for Christian Higher Education in Asia, 1959, p.286.

212　苗俊长：《中国乡村建设鸟瞰》，《乡村改造》1937 年第 6 卷第 1 期，第 17 页。

213　孙晓村：《中国乡村建设运动估价》，《大众生活》1935 年第 1 卷第 4 期，第 94 页。

况。[214]如潍县广文中学还开设了农业部，购买了校田 70 余亩作为农场，对于合作农场及每年展览会，皆办理完善，还参加金陵大学与康奈尔大学合作的谷物改良，包括小麦、玉米、大豆等作物，而暑期学校则训练传道员与教员，使其明瞭乡村问题[215]；该校的农业部开设了农业和乡村社会学的课程学校，并派遣优秀毕业生到金陵大学学习农业课程；美国北长老会开办的峄县实业中学，在金陵大学支持下，进行水果栽培，植树造林，病虫害防治，小麦改良等农业实验。后因学校未立案，1933 年夏改为自助修道院，在传福音同时，为改良农村服务。学生于每年 12 月至次年 3 月间的三个月时间全体分组到乡间进行作工、农事指导、开平校及传福音。[216]该校还于 1934 年招生 10 名，皆为热心基督徒，初级小学及以上毕业，以农场为校址，种地 2 百多亩，养殖家禽，另有桃园、梨园及菜园。学生农忙作工，农闲读书。[217]此外，通县潞河中学也设农场，对于粟麦之选种精细研究，选得良种，即用以推广，也供学生实习劳作。

当时山西铭贤学校的乡村建设比较出色，并成立了专门的农科。该校1928 年 10 月筹设农科，分试验研究部、推广部、教授部三方面。其中，试验研究部有作物组，分粟之改良试验，小麦区域试验，绵羊改良试验，土壤组分锄地试验，肥料试验；推广部则有农产物品竞赛会，并有绵羊、来航鸡及甜菜推广，还有中外果树的园艺试验，进行果树病虫害防治；[218]教授部方面，农科为了培养农村领袖，乡村教师及试验场助理起见，1933 年秋实行农科工读计划，在高中三年内，教授学生农业上之基本学识，引起学生对于改进农业兴趣，习以农业之志实用技术。[219]当时农科课程方面，主要开作物生产课与畜牧课，半为课室及实验室之研究，半为田间及畜牧场之实习。1933年时，铭贤农科还制定了专门的农业推广计划，分经济、村政及社会三方面推进农村改良，以求普及农业的科学知识，使农民之生产增加，并改良农村

214 穆懿尔：《铭贤学校农科工作概况报告》，太谷，1935 年，第 7 页。

215 周明懿：《五年来教会之乡村工作》，《中华基督教会年鉴》第 11 期，第 132 页。

216 刘广志：《西北与峄县》，《消息》1933 年第 6 卷第 5 期，第 23 页。

217 刘广志：《由清水河道峄县》，《真理与生命》1934 年第 8 卷第 6 期，第 310 页。

218 梅贻宝：《山西铭贤学校农工科概况报告》，《乡村建设实验》第 2 集，上海：中华书局，1935 年，第 331 页。

219 穆懿尔、周松林：《农科五年来之工作概况及将来计划》，《铭贤周刊》1934 年第 4卷第 16 期，第 66 页。

生活，提高农民在社会上之地位[220]。而农科部门也不断变化，1933年时，农科分农场管理、农业经济、作物育种、畜牧、森林及农业推广六部，有职员13人，工友24人。[221]到1936年时，铭贤学校农业工作又分育种、畜牧、园艺、农艺、推广五组进行，其中育种、农艺两组，成立较早，研究的改良品种，已开始推广，如"来航公鸡在1932-34年推广122只，分布于175户家庭，来航鸡卵推广112户共1608只"；[222]铭贤学校的试验结果，也对农业技术之推进者贡献颇多，如据1936年报告，"畜牧、园艺组均于最近三四年内方始增设。为时虽短，然"软布来"羊试验之结果，其品质产量俱极优良，而西洋苹果，也确能适合生长于山西环境中，实均系极丰富之收获。"[223]尤其该校试验的"软布羊"，羊毛精良，对农民增收大有裨益，当地羊每支可获利23美分，而此羊每只则可获利1.6美元到1.7美元[224]。时农科工作也得到地方政府支持，如1933年5月，山西省政府主席阎锡山曾亲临铭贤农科参观，讨论农事，对其工作甚为赞许，后还派员与农科会商合作推广农事问题。[225]山西省建设厅曾将铭贤实验的小麦在阳曲、辽县、长治等七县作为试验区推广，而教育部亦曾经专门拨款资助该校的农业实验，都可见其在当时的广泛影响。

山西铭贤学校农科试验场为将来设立农学院及增进山西省农业发展起见，极谋购地扩充，除该校的水旱试验场外，并在清源、交城设立分场，以便研究牧畜及果木等科。凡在校学生可随意选习农事科目，由教员指导随时到场实习，以便观察研究。[226]1930年，该校还与金陵大学农业经济系合作进行农村社会及经济之调查，调查山西各地土地利用，人口分配诸问题，聘请专员分赴各地调查农村社会概况。铭贤学校每年秋季还举行农产展览会，以便农民互相观摩比较，使农民得知选种及耕种方法之重要，以改良农业，增加生产。如1933年10月7日，第四届太谷农产展览会举行，分展览会场、

---

220 《山西太谷铭贤学校农科农业推广计划大纲草案》，《农业推广》1933年第5期，第12页。

221 杨子春：《铭贤农科概况》，《铭贤周刊》1933年第3卷第33期，第219页。

222 《山西私立铭贤学校一览》，太谷，1935年，第45页。

223 信德俭等编：《学以事人、真知力行：山西铭贤学校办学评述》，第251页。

224 Earle H. Ballou, *Dangerous Opportunity: The Christian Mission in China Today*, New York: Friendship Press,1940,p.112.

225 杨子春：《阎百川先生参观农科》，《铭贤周刊》1933年第3卷第33期，第222页。

226 《铭贤学校各部概况报告书》，太谷，1931年，第8页。

贸易会场、娱乐会场三部分，有农作物、家畜家禽、图表标本 60 多种。翌年 10 月，又改为农品竞赛会举行，并缩小范围，选定三村分区举行 3 次，参观人数不下八千余人，所送竞赛物品，亦有数千余件[227]。展览会的举行，也对农民改变守旧农俗产生了积极影响，"农友对新式农具，不独留心到其用法，同时探询价值，和购买的地方。对于软布来羊，和玉蜀等，都发生了极大的爱慕和注意，给予他们不少相当的刺激。"[228]而农业展览会为赢得农民信任，也注意与地方政府的合作，如 1930 年铭贤展览会举行时，即由该校农科联合太谷政府举行，太谷县长仇曾祜出任大会总会长，并亲自到会致辞，以示支持。[229]而该校的农业推广工作，也让当地农民受益颇多，诸如农产竞赛会之开办，深耕之表演，农民训练班之创设，介绍药剂之防除病虫害，来航鸡种卵之推广，使农民从中深获其利，受到了农民的欢迎。而该校农科产品也在山西颇负盛名，1934 年，该校农作物 15 种还被山西省评为第一，选送参加教育部举办全国职业学校及中小学劳作科成绩展览会；另还选送制品多种参加晋绥物产竞赛会，被评为特等奖，山西省政府特颁给匾额"努力造产"。而该校的实验也得到教育部支持，1933 年，铭贤学校的农工计划因经费紧张，特请求教育部拨款，后得到该处的 3 万元的经费补助。[230]

特别是太谷铭贤学校为改造乡村，于 1935 年春组织乡村服务委员会，并选择具有代表平原一般农村之贯家堡等村进行调查，编成《太谷县贯家堡村调查报告》。该调查包含地理、人口、家庭经济、生活费用、教育、卫生等项。[231]而此次调查的实施，也为该校建立贯家堡实验区作为先期基础。1935 年 8 月，铭贤学校贯家堡实验区选定太谷县以南，贯家堡附近 20 村为试验区，并成立办事处，以农民教育为一切建设之基础，初步工作全力于教育之普及，拟定贯家堡村普及教育办法，并成立贯家堡普及教育委员会，以学校，社会，传递三种方式按步进行，设立各种针对成夫，妇女及儿童的学校，教授识字及生计、家庭训练等课程。[232]经济方面，则是针对农民生活生产困难，提倡合作社及小

227 《太谷铭贤中学》，《教育季刊》1935 年第 11 卷第 1 期，第 104 页。

228 《山西铭贤学校农科第一届农品竞赛会概况》，《铭贤周刊》附刊，1934 年 10 月，第 18 页。

229 庆和：《县农产展览会大会盛况》，《铭贤周刊》1930 年第 1 卷第 4 期，第 3 页。

230 《山西私立铭贤学校一览》，太谷，1935 年，第 59 页。

231 武寿铭：《太谷县贯家堡村调查报告》，太谷，1935 年，第 1 页。

232 《铭贤学校贯家堡乡建近况》，《民间》1935 年第 2 卷第 16 期，第 30 页。

本贷款。1935 年, 该区曾联络各村举行合作讲习会四次, 讲习会讲授合作原理, 解释合作规章, "嗣后各村农民, 深感合作之需要, 纷纷自动组织者有数村"。[233]1936 年 1 月, 实验区首先成立贯家堡合作社, 系无限责任信用合作社, 后又有三村成立, 进行信用放款。为调剂农村金融, 信用社备有小本贷款一项, 此种贷款为数虽不甚多, 但对农民确有极大帮助; 在改良农产方面, 实验区利用铭贤农科资源, 进行改良玉米种与羊种改良推广, 而来航鸡卵之介绍, 猪瘟之治疗等, 亦颇引起一般农民之注意, 并倡导动员农民植树。

贯家堡实验区在卫生方面, 则有冬间添设医药卫生等项工作, 并设一简单之诊疗所, 完全义务治疗, 轮请女护士一人, 负责诊疗。复承太谷公理会仁术医院之合作, 每星期一、三由该院大夫出诊两次, 较重要病症, 均留待此时治疗。另设立卫生训练班, 初期有 9 人参加, 除授药物常识及简易治疗外, 偏重种痘方法, 为期一月, 并开始施种牛痘, 事前作普遍宣传, 继即下乡种痘, 共种 1735 人, 计有村庄 17 处。[234]实验区还推动卫生教育, 先由贯家堡小学做起, 每周除卫生常识两次外, 并注重男女学生之清洁习惯, 为学生检查身体, 另在村中设立沐浴室一处。娱乐方面, 办事处利用空闲时间先后设立民众图书馆、农民教育馆及民众俱乐部, 白天农民可自由观览, 夜间大批民众集于此下棋、练拳及奏乐, 另该区还成立音乐团及童子服务团。[235] 针对当地民众吸食鸦片严重的现状, 实验区还倡办拒毒工作, 与村公所成立拒毒会, 附设戒毒所, 并为乡邻排解纠纷。

教会学校也有专门的农村训练课程或学习班, 以灌输新农业知识以应现代农村社会之需要。如通县潞河中学开设农村服务科, 为三年高中课程, 其目的乃在造就农村教会服务区的领袖人才; 燕京大学 1929 年开始举办冬期农事讲习班, 由燕大农事试验场与社会学系合办, 要求年龄 18-45 岁, 家中务农通晓普通文字者, 在四周时间内学习农业合作、养鸡新法、农业簿记、养蜂新法、果树园艺及普通病虫害防治等知识; [236]在保定同仁中学方面, 则成立了农场, 开办蔬菜园艺科, 栽种蔬菜 30 余种, 一切工作自掘地、播种、施肥、灌溉以至收成,

---

233 《铭贤学校推广合作事业》,《民间》1936 年第 2 卷第 20 期, 第 13 页。

234 信德俭等编:《学以事人、真知力行: 山西铭贤学校办学评述》, 第 258-259 页。

235 《铭贤学校太谷农村服务实验区工作梗概》,《乡村建设实验》第 3 集, 中华书局, 1936 年, 第 530 页。

236 《燕京大学第二届冬期农事讲习班招生简章》,《燕大农讯》1930 年第 3 卷第 8 期, 第 8 页。

统由师生合作。"1934年时有学生56名，其中女生32名参加，工作时间在每日下午课余；"[237]该校还为教会青年及学生专门开办了短期的宗教与农业训练班，除了学习宗教课程外，还讲授作物学、养鸡、养蜂、果树、无线电等农业知识，有50多人参加[238]。山西基督教农村服务联合会为改进农业，复兴农村，则与铭贤学校合办举办农事训练班，1932年-1934年间，共培训96人[239]，学习内容涉及农村运动与教会关系、作物改良讨论、园艺改良讨论及农艺讨论等。此外，1937年，铭贤学校还成立铭贤乡村服务专科学校，专门培养乡村人才。

华北各教会学校，为深入民间，服务民众，还常组织学生利用周末或假期到乡村服务。如1930年，山西铭贤学校乡村服务团，男女30余人，分儿童、成人、妇女等小组，每逢星期日轮流下乡，教授民众识字、宣讲国事、农业改良及家庭卫生常识，农民极表欢迎，并备茶汤招待[240]；1933年，该校又指导学生组织乡村服务团，每逢周六及周日即往附近各乡村，帮助学校教员办理民众教育，并作农家拜访；[241]而保定同仁中学当时也成立乡村社会服务团，由老师指导学生到乡村服务，活动涉及成立平民学校、儿童工作、修路、植树及卫生工作等，多在附近村庄活动。[242]1935年，保定培德中学学生也组织农村服务团，除每日由各团员轮流分赴韩家庄及冯家庄张贴壁报外，另从事研究小活动电影，儿童工作及保健药箱之使用工作等。[243]教会学校学生也通过在乡村的实践活动，认识到了乡村的真实面貌及实际需要，利于他们更好地通过学习知识以为农村服务。

当时教会学校也注重女子家庭教育，在课程中有意培养学生相关技能，并成立相关团体。如燕京大学早在1923年即成立家事学系，开设食物学、缝纫学、家庭布置学、家庭管理、营养学等课程，并设有家事见习室，以训练家事教育所需教员，促进家庭生活改良[244]。1929年，该系还组织了家庭经济

237 河北省教育厅编印：《教育部视察员视察河北省教育报告》，保定，1934年，20页。
238 姚爱群：《回忆同仁宗教训练班》，《保定百年一中校史资料汇编》，香港天马图书有限公司，2006年，第194页。
239 《山西私立铭贤学校一览》，太谷，1935年，第45页。
240 王俊武：《山西铭贤学生事业概况》，《消息》1934年第7卷第5期，第15页。
241 《山西太谷铭贤学校之农村改进运动》，《村治》1933年第3卷第2-3合期，第6页。
242 萧锦铸：《暑假后的保定学生事业》，《消息》1934年第7卷第8期，第29页。
243 《培德学生农村服务近讯》，《消息》1935年第8卷第6期，第54页。
244 《北平私立燕京大学本科各学院系概要》，北平，1932年5月，第25页。

俱乐部，会员到 1937 年有 30 多人，该部多邀请专家演讲家庭经济问题，组织成员讨论，拓宽他们的家庭知识。而在毕业生方面，到 1937 年该系已经毕业 60 名学生，大多成为中学教师与家庭主妇，亦有在医院服务者[245]；山西铭贤学校则在 1931 年 3 月成立了中学部女生家事学会，学会每月举行两次演讲会，邀请专家演讲家庭游戏、经济、儿童教育等问题，便于中学女生学习。后铭贤学校还相继组织教职员家事研究会与女生部组织家事团，涉及烹饪、缝纫、手工等学习活动，由女教员及女学生随其所好，分别加入，以联络感情，交换智识，并增益宗教事业；1934 年，北平育英学校组织家庭问题讨论会，时有会员十人，每星期开会一次，讨论家庭有关各种问题及解决方法，并参观各新式的模仿家庭，以资借鉴；[246]华北美以美会的学校还为学生设立家庭教育课程，多用公民及社会学为家庭教育之教材，女子中学及妇女学校多以卫生及儿童管理法、烹饪、女红等，使学生对于家庭有深刻之观念。

　　部分教会学校还专门在校内"模仿家庭"，陈列各类家庭用具，以供学生更好地学习理解。如保定同仁中学则安排女生则分批轮流住在"模范家庭"内，分掌总务、采买、炊事等家务，学习家事、缝纫、烹饪技术[247]；而河北邢台真理妇女学道院还设备有中国式屋子 5 间，特布置为模范家庭，引人参观。该屋用一间为卧室，3 间为客室与饭厅，一间为厨房。家庭的家长，即高二班和初四班的学生，每班 2 人，每半月更换一次。学生自己记账，自己整理屋子，自己煮饭，晚上自己有家庭礼拜，每日照旧上课。而他们平日所学烹饪，家政，簿记，各课都实地在这模范家庭中试验，对于学生的利益最大。1933 年，该校还曾组织家庭大会，用"上海寄来的文艺和家庭歌，有人演讲保育婴孩的方法，赴会者一百六十名。"[248]而教会学校开展的家庭教育，利于女生毕业后在家庭中发挥应有作用，促进家庭关系的改良。

　　此外，在此时期，华北的部分神学院不再单纯传授宗教课程，改变工作计划，去乡间服务。如美国美以美会开办的北平汇文神学院，于 1933 年秋设立昌平乡村工作实验区，其宗旨在使学生于卒业之前，对于乡村教会获得相

---

245 Department of Home-Econmics Yenching University, 1936-37, Peiping, China, 1937, p.2.

246 《家庭问题讨论会》，《育英中学校年刊》1934 年，北京市档案馆藏，档案号：ZQ017-003-00093。

247 《保定同仁中学乡村服务工作》，《教育季刊》1936 年第 12 卷第 3 期，第 55 页。

248 《河北邢台家庭运动布道周经过》，《总会公报》1933 年第 5 卷第 2 期，第 1254 页。

当之认识及经验，避免学生脱离农村，故学生须到该区实习一年，始能卒业，实验工作有宗教教育、布道、平教合作社、种痘等。[249] 实验区以昌平的四十个村为实施范围，设有干事五人，主任一人，工友一人，全年经费一千元。在农事改良方面，实验区提倡炭酸铜粉，专治谷类黑穗病，并提倡废地造林，养鱼等，提高农民副业收入。实验区尤其提倡垦荒造林，到 1934 年已有四村施行，种树八万颗[250]。因当时农民贫困，生产缺乏资金，实验区注重生计教育。为解决农民资金问题，实验区"在马池口村设立信用合作社 1 处，社员 25 人；太平庄亦设立信用社，社员 24 人。"[251]教会学校进行乡村实验区的建设，虽然活动区域有限，但也体现出教会学校融入中国社会，致力于改变乡村现状的努力。美国公理会在山东的德临叶氏学道院除了布道外，还提倡改良农村及平教事工。该院的农村事业有农作物改良、农村游行大会、农民节、铲除病虫害及猪、鸡种改良等；卫生事业则有公共卫生及家庭、个人卫生讲演、举办义务领袖训练班，午后与妇女们谈论家庭间应改良的一切事宜及基督化家庭的事宜；[252]山西汾阳崇道神学院则规定学生除宗教科目学习外，还学习手工、植棉学、造林学及卫生学等知识，该校另有农场，供学生实习；该校还在石塔村设立生活服务区，学生前去乡村服务，开展活动涉及平民学校，妇女会，卫生事务所，巡回书库及农作物改良等活动。[253]如该服务区卫生工作有乡村保健箱，主旨是提倡卫生，目的是防免疫病，但遇着了能治的病症，便下手去治，而能力所不及的，则介绍其至医院疗治。同时给他说明病理，至少能帮助他不受庸医的光顾及求卜许愿的靡费。另有装满各种适于农友参考的图书，每周日与保健箱同时出发，到固定服务地点。[254]神学院致力于乡村建设的努力，也改变了神学院学生脱离实际的弊病，增强了学生适应农村社会需要能力，也能更好地在乡村传教。

---

249 徐宝谦：《基督教农村运动》，《中华基督教会年鉴》第 13 期，第 93 页。

250 《河北昌平县汇文神学院乡村实验区》，《农业推广》1936 年第 12 期，第 72-73 页。

251 田立功：《北平汇文神学院昌平县乡村工作实验区概况》，《真理与生命》1934 年第 8 卷第 6 期，第 285 页。

252 《德临叶氏学道院 1934 年报告书》，《教会战后医院报告及公理会文件》，天津市档案馆藏，档案号：401206800-J0252-1-003019。

253 《汾阳崇道学院 1935 年报告书》，《教会战后医院报告及公理会文件》，天津市档案馆藏，档案号：401206800-J0252-1-003019。

254 宋廷弼：《汾阳崇道神学院概况》，《兴华周刊》1936 年第 33 卷第 48 期，第 33 页。

（三）基督徒学生联合会与华北乡村建设

在 1930 年代中国乡村建设热潮下，"到乡村去"已经成了学生的口头禅，盖中国以农立国，乡村占百分之八十五以上，而乡村生活之简陋，民众教育之落后，确为不可讳言的事实。而在华教会认识到欲建设教会基础于中国，亦须从事改造农民生活，故当时华北地区的各基督徒学生联合会也参与到乡村建设中，他们主张用改良的方法，深入民众，从事建设，而以乡村改造为入手。如河北基督徒学生联合会主席张淑义也提到应深入民众："我们标榜着'谋民众生活解放与发展'，为冠冕堂皇的基督徒学生运动的旗帜，民众在那里？民众生活的真像是什么？我们是否已有清楚的认识？我们当往何处走？"[255] 1933 年，基督徒学生全国总会还专门设立乡村改进事业委员会，要求全国基督教学运成员观察并练习乡村生活，认识乡村环境，锻炼适应农村生活必需之技能。[256]

在此背景下，河北联等区联也倡导组织基督徒学生到乡村服务，其使命就是利用基督徒同学服务的精神和力量，来谋求乡村民众精神和物质的福利。[257] 1931 年华北基督教乡村建设会议后，河北基督教徒学生联合会北平区会，河北基督徒学生联合会乡村服务团和基督徒学生乡村生活改进社，合开北平基督徒同学乡村服务讨论会，决议发起一个中华基督徒学生乡村服务誓志运动，希望教会能切实赞助基督徒学生运动，努力铸造未来的青年领袖，尽量吸收青年人才。[258] 河北联乡村服务委员会 1932 年还决定采取服务与研究并重办法，"注意由乡村所得之感觉，写成短文，报告于现代青年，藉以唤起其注意民间工作之兴趣，并养成其服务乡村之决心。"[259]

为了落实会议决议，河北联还开辟了数个乡村实验区，如 1931 年河北联决议设立河北省北平区联乡村生活改进社乡村实验区，位于通县张家湾镇，以训练学生，改进乡村服务为目标，以应付需要，指导农民，城乡提携为原则。该工作分五年计划，分暑期乡村服务员训练学校及实验区两项，还调查编成《张家湾调查报告书》。[260] 1933 年 8 月，全国基督徒学生团契

---

255 《学运言论》，《消息》1935 年第 8 卷第 3 期，第 15 页。

256 《乡村改进讨论组提案》，《葡萄树》1933 年第 5 卷第 1 期，第 60 页。

257 张钦士：《乡村服务之使命》，《微音》1930 年第 2 卷第 2 期，第 145 页。

258 蔡咏春：《教会与学生》，《华北公理会月刊》1931 年第 5 卷第 3 期，第 38 页。

259 《河北联乡村服务委员会进行近况》，《消息》1931 年第 4 卷第 1 期，第 30 页。

260 于德纲：《河北联乡村事业张家湾报告书（续）》，《葡萄树》1932 年第 4 卷第 2 期，第 9 页。

大会决议成立乡村改进事业委员会，以："乡村改造"为学运试验事工中心，委托河北联成立"中国基督徒学生运动河北联乡村改进实验区"，经费问题由河北联负责筹划。故此，1934 年，河北联乡村改进实验区工作将北平安河村为实验区，根据学运目标，从事乡村改进的工作，根据本地需要，服务本区，以引起学运的分子对于乡村问题之注意，并予以实习之机会。而当时安河村试验区工作期限为 1934 年 2-8 月，工作人员在调查该村现状后，开展具体工作涉及教育、卫生、娱乐、儿童事业、农业改造及自治等方面[261]。如实验区开展教育工作有开办平民夜校、妇女工读学校、短期幼稚园、乡村图书馆、儿童运动场、民众学校及幼稚园等机构；农业工作则有成立合作社，作物试验、园艺及畜牧试验；工业计划则分毛线、棉线、漂染、制造、家庭织布等；卫生方面则有设立简易诊疗所，从事种痘等[262]。同时试验区还注重宗教工作，每周查经班 2 次，家庭礼拜一处，添设每日公共晨更一处，每周早礼拜一次。[263]但实验区工作仅为期半年，取得的成效也十分有限。

在北安河实验区结束后，1934 年 10 月，河北联乡村改进实验区萧家村实验区，从事调查、教育、卫生及农事改造等工作。实验区起初为了解乡村实际，曾调查该村区域风俗习惯，教育经济及农民生活状况，诸如民众思想之错缪、民众教育之崩溃、民众困苦之原因及家庭问题等[264]，以为实验计划提供方向。在教育方面，时工作人员指出："农村教育为冤枉教育，儿童每天所领受的，是忍气吞声，含屈莫伸的教育罢了。"[265]而因农村失学儿童及文盲众多，故实验区在教育方面工作有教育阅报、演讲会、儿童四进会、农村短期学校及改良私塾等，以改进乡村教育，而所学课程均与当地负责者合作采用最新之教授法及最适宜之课程。如试验区整理萧家村小学，课程由四子书改为新课程标准适用读本，而教法由念背打的被动读书，改为培养兴趣的自动读书，也受到了学生的欢迎，"学生人数由 15 位增加到 50 位，学生前者以学

261 魏永清：《河北联乡村改进实验区工作计划草案》，《葡萄树》1934 年第 6 卷第 1 期，第 44 页。

262 《中国基督徒学生运动河北联乡村改进试验计划草案》，《葡萄树》1934 年第 5 卷第 2 期，第 22 页。

263 《中国学运乡村改进委员会报告书》，《中国学运》1934 年第 1 卷第 1 期，第 94-97 页。

264 张丕承：《河北联近况》，《中国学运》1935 年第 1 卷第 2 号，第 72 页。

265 张丕承：《河北联近况》，第 67 页。

校为牢狱，现在视学校为乐园"[266]；但因学校设备不完善，用具缺乏，该区的成人教育却最终失败；该区的卫生工作则有提倡刷牙、家庭清洁、实行种牛痘及组织卫生演讲会；农事改造方面则有办理巡回学校，举办农产展览会，成立信用合作社及学习养蜂[267]。实验区还注重农民娱乐，有游艺会，音乐会，放电影等，还设置无线电，以调和民众的精神生活。特别是"农民十余处自行设置无线电，并引起民众看报的好习惯，减少民众聚赌的机会，并引起民众求学的观念，给与民众联合之机会"[268]。

河北联还组织各校学生来该实验区实习，各司其职，分工进行。如育英学校初中学生负责宗教与教育的具体工作，每次除主领礼拜外，有儿童大会，儿童方面还有体育组织及灭蝇队组织；燕大工作人员则负责演讲，涉及农业、卫生等知识，教友感激匪浅，小学生则印象极深；慕贞学校则负责儿童教育，无论临时抽考及加奖学生，无论唱歌、游戏、故事均寓有教育精神，儿童获益匪浅；崇慈学校则负责减蝇工作，领导学生作游戏。[269]

除了建立专门实验区，各区联还定期组织学生到乡村服务。每年寒假，北平基督徒学生联合会派遣乡村服务团，分赴各村镇实地工作。如1930年12月，北平区联学生12队赴定县、蓟县、固安县等乡村服务，帮助他们识字，指导他们知道如何获得好的收成，并且改良他们的生活，最后还要传给他们基督的福音。如北平区学生服务团到定州服务的有来自5所学校的12人，他们为妇女会表演"孔雀东南飞"戏剧，"当时会场里落泪很多，他们对于来日婆母对儿媳的待遇改良上，的确有不少的贡献。因为自他们走后，我们去劝妇女入学的时候是特别的容易"[270]；在河北地区，津东联所辖学校的乡村服务则分为四股，即工作交换股、乡村改进股、储蓄运动委员会与教义研究股。如在平民识字方面，贵贞女校青年会组织平民学校14处，分23班；昌黎汇文学校则募集一千余元，建设平民学校校舍1处，丰滦中学则常到县城为农民放映影片；[271]另保定区联学校学生每年还组织寒假乡村服务团，但因为时

266 《到农村去：中国学运河北联乡村改进实验区萧家村实验区鸟瞰》，《中国学运》1935年第2卷第1期，第24页。

267 张玉承：《河北联近况》，《中国学运》1935年第1卷第2期，第74页。

268 《到农村去：中国学运河北联乡村改进实验区萧家村实验区鸟瞰》，第21-22页。

269 《到农村去：中国学运河北联乡村改进实验区萧家村实验区鸟瞰》，第25页。

270 韩玉珊：《定州队走后给我的感想》，《消息》1931年第4卷第7期，第9页。

271 王同：《津东秋令会之印象》，《消息》1934年第7卷第10期，第15页。

间短少的缘故，不能实际参与农村建设工作，仅用宣传式的宗教演讲，常识演讲，并话剧，音乐等来唤醒民众。[272]

基督徒学生通过乡村服务，收获颇丰，真正认识到了中国农村实际需要。河北联 1934 年冬到琉璃河吉羊村服务后，曾感言："农民现在唯一急迫的需要，是如何有饭吃。他们为了没有饭吃，什么教育，卫生，一切都不愿谈了。"[273]还有同学感慨道："去农村时，自觉满肚子材料可以给农民，但是既到了农村又不知什么是他们需要的啦。其实他们什么都需要，所以不易选择那最需要的。[274]同时，学生通过乡村实践认识到自己不足，"我们不能与乡人打成一片，乡人之成见本深，而同学亦未能彻底抛弃城市气"。[275]而农民的保守也给改良带来了阻碍，农民不明白服务的目的，极易发生误解，如"当时贵贞女校携留声机到乡村为农民唱演，农民皆不敢近听，恐为要钱，带杀虫药水到乡村为庄稼除害虫，农民以用此药水除虫，如与庄稼打吗啡，愈打愈坏，故而拒用。"[276]学联的乡村服务除了致力于乡村改良外，同时也注意宗教的传播，有人指出"不要忘了我们是基督徒的团体，我们负着宣传福音的使命。农民需要经济的改善，同时也更需要灵性生活和道德的培养。"[277]当时学生为让民众接受福音，还用表演新剧方式宣传。如有北平教会人士提出布道："最好的方法是表演，不凭口舌宣传，只要做出来就是了。耶稣圣诞的前后，是最好的工作时间，学生喜欢也能做戏，这是表演"现代博士"的一幕，是用现代的精神，做成博士，去崇拜耶稣圣婴。"[278]也有人士认为基督徒学生运动到民间下乡应当坚持下去，并与民众打成一片，"不是短期的事，不是带着与民间相隔天渊的生活而进入民间的事，乃是自作民众，以民众的生活为生活，由是而真革命的事。"[279]但是基督徒学生的乡村建设作为局部改良运动，并不能

---

272 《保定基督教学生服务团的一瞥》，《保定青年》1936 年第 21 卷第 11 期，第 3 页。

273 赵景芬：《吉羊村归来》，《消息》1935 年第 8 卷第 4 期，第 43-44 页。

274 陈纯英：《这次乡村服务的我见》，《葡萄树》1935 年第 6 卷第 3 期，第 19 页。

275 李家声：《河北联乡村服务团吉羊村队报告》，《葡萄树》1935 年第 6 卷第 3 期，第 20 页。

276 王同：《津东秋令会之印象》，《消息》1934 年第 7 卷第 10 期，第 16 页。

277 魏永清：《写在乡村服务结束之后》，《葡萄树》1935 年第 6 卷第 3 期，第 33 页。

278 全绍武：《北平学生事业简报》，《华北公理会月刊》1930 年第 4 卷第 3 期，第 37 页。

279 赵紫宸：《中国基督教学运问题的商榷》，《真理与生命》1936 年第 9 卷第 8 期，第 464 页。

从根本改变乡村现状，当时教会内部也认识到："以往基督徒学生团体活动，只限于各种乌托邦式的零零碎碎的改良工作，所以永远没有效果。以后唯有与整个社会运动联系起来，谋民众生活的解放与发展的学运目标才能达到。"[280]

四、基督教乡建与政府、民间团体乡建之关系

1930 年代，中国乡村建设出现前所未有的热潮，无论政府还是民间人士，都积极投入其中，而他们的乡建活动又与基督教乡村建设在目标上由颇多相似之处，这也有助于基督教融入中国政府及民间团体的乡村建设。因基督教乡村建设多利用西方最新农业技术推进中国农村改良，这也是其优势所在。

基督教乡村建设在推行过程中，注重与中国政府及民间机构的合作，进行优势互补。如美国美以美会开办的昌黎试验场在 1930 年时鉴于河北地区蝗灾严重，计划根据美国各州及金陵大学农林系的方法，组织除蝗工作，请求河北农矿厅给予协助，得到该厅积极响应，专门发布训令，要求各县切实协助[281]；铭贤学校更是与山西省政府建设厅合作，在全省推行来航鸡，并合作进行玉米及肥料实验，还颁布了详细的实施办法；1933 年，齐鲁大学龙山农村服务处还与新成立的胶济路局农林改进委员会合作，办理铁路沿线的农事试验场，其中在济南设有总场，在周村，青州设有两处分场，胶济铁路年拨经费 9 千元，经费暂以五年拨付为限，进行小麦，高粱，大豆及马铃薯、美棉等农作物的推广实验，改良作物品种，增加生产，各种作物的抗病虫害能力也大大增强。[282]1936 年，齐大公共卫生学系还与山东义务教育第一实验区合作设立诊疗所，派医生为民众看病，检查身体，免费种牛痘预防天花，该区特送"农民福星"牌匾表示感谢。[283]鉴于民众的保守及对实验的怀疑态度，华北乡村实验还注重利用地方官员，士绅及各村村长等政治资源，推动实验改良的推广，积极参与地方公共卫生运动及乡村建设。如 1930 年，临清华美医院鉴于当地民众多发天花，即游说当地官员士绅举办种痘培训班，获得地

---

280 《学运的信仰与使命的讨论报告》，《中国学运》1935 年第 2 卷第 1 期，第 34 页。
281 《河北省农矿厅训令第四五七号》，《河北省政府公报》1930 年第 635 期，第 13 页。
282 《铁道部指令：令胶济铁路委员会》，《铁道公报》1933 年第 691 期，第 9-10 页；《胶济路局与齐鲁大学合办农事试验场概况》，《都市与农村》1936 年第 19 期，第 22-25 页。
283 《农民福星，义教实验区送匾》，《齐大旬刊》1936 年第 7 卷第 6 期，第 46 页。

方当局同意。为此临清当局筹资 2 千元用于此计划实施，当时培训班招收了百余名学生，由医院职员对他们进行讲解种痘技术，"结果有 88 人取得了毕业证书，而这些学生组成施种牛痘团，在随后共为 8240 名民众施种了牛痘。"[284]

下面以燕京大学为例，说明当时教会与其他机关在乡村建设上的合作。如 1928 年，为了培养普通农业人才，为乡村谋取利益，燕京大学与清华大学、香山慈幼院等成立农事讲习所，后又改名新农农业学校，以帮助学员学习农业知识，注重实用。该校学制三年，前两年注重文化课程学习，第三年分别专修园艺、田艺、畜牧、养蜂、森林等实习工作。[285]学生经费由华洋义赈会协助，然 1931 年底，学校因学潮停办。在乡村建设热潮中，乡建人士也意识到建立合作研究机构的重要性，需要"切合农民生活之学术工具与夫实施之机构，同时尤必赖有指导农民训练农民之农村建设人才与从事于农村建设问题之学术研究人才"[286]，而华北农村建设协进会应运而生。1936 年 4 月，燕京大学，清华大学，南开大学，金陵大学和中华平民教育促进会在北平组成华北农村建设协进会。协进会分研究与训练两部并驾齐驱。该会为谋各大学与农村建设工作有关之院系，"一方面对于研究训练得有从事实际工作之便利；一方面谋各方面研究训练之联锁。因多数具有专门知识技能之大学生下乡，得使农建之学术研究，日就充沛，又使训练农建人才之工具日益精粹"[287]，故派各大学学生到试验区实习。协进会下设教育、经济、农业、社会行政等各组，其中教育组、社会卫生组及农业组一部分之工作，以河北定县为研究训练区域，至于经济组、工程组、社会行政组及民政组之工作，则在山东济宁举办[288]，而协进会经费则主要由美国的洛克菲勒基金提供支持。

华北农村建设协进会的参加单位分别负责各自活动，而燕京大学通过社会学和社会工作系、政治学系和教育学系参与了华北乡村建设协进会的教育与社会行政方面的工作。当时华北农村建设协进会与济宁专属公署合作建立

---

284 H.L.Robinson,"A County-Wide Vaccination Campaign in Linsting,Shantung",*China Medical Journal*, Vol.44, No.10, October 1930, pp.1055-1057.

285 《清华大学，燕京大学，香山慈幼院合办农事讲习所第二届招生简章》,《合作讯》1931 年第 74 期，第 2 页。

286 《华北农村建设协进会工作大纲：1936-37 年度》，北平，1937 年，第 1 页。

287 《华北农村建设协进会工作大纲：1936-37 年度》，第 2 页。

288 《华北农村建设协进会训练研究委员会记录》，北平，1936 年，第 17-18 页。

试验区，在济宁实验区工作分民政、经济、农业、工程及社会行政五组，有各校教授指导研究，学生进行实习训练，在 1937 年初时有来自各大学的 40 名学生参加[289]；早在 1935 年秋，燕大社会学系教授张鸿钧任济宁汶上县县长，钱天佑任合作指导员，先从调查农村经济入手，筹备组织农村互助社。1936 年 7 月，燕大大批同学参加汶上研究及实习工作，颇极一时之盛。当时汶上实验也涉及了调查、教育、经济、戒毒等多方面工作，取得显著效果。据 1937 年报告，"汶上有四百多人戒除了烟毒嗜好，10 小时之内可以集合起来两千受了四个月军事训练的全副武装的壮丁；30 个乡民在一个月之内种了四万五千人的牛痘；疏浚了 125 华里的泉河；组成互助社 74 社，贷款 2 万 7 千 7 百元；1400 个村庄中，最初设有 131 班初小，增加到 505 班，在学儿童由 4 千增加到 2 万 4 千余人 3 百小学教师受训练；240 余处私塾自动申请改为小学"；[290]在济宁实验区的社会行政方面，燕大学生实习地点较为广泛，如有济宁县政府秘书室、乡农学校、乡公所，村公所及其他社会事业之机关与团体；同时为学生开设表证家庭课程，农村建设课程，介绍农村建设之原理、农民生活实况等内容[291]。而在华北乡村建设协进会所开展的乡村建设实验中，燕大教育系所担负的一项重要工作是举办乡村教育人才训练之事业，而训练的对象则包括行政、研究以及普通领袖人员等。此外，燕大教育系还通过组织学校系统、开展社会教育而参与到乡村建设实验中。1936 年，燕京大学教育学系即以河北定县为工作区域，并与河北省乡村建设研究院合作，开始组织学校系统，以此作为推动乡建工作的骨干。[292]该系组织的学校系统为筹建联立乡村师范学校，并以此作为开展乡村实验的"县中心"。可以说，华北农村建设协进会的成立体现了各乡建机关的密切合作精神，燕大也发挥本身的资源优势，为协进会工作尽了应有之力。

---

289 徐雍舜：《由汶上而济宁》，《燕大友声》1937 年第 3 卷第 7 期，第 2 页；"North China Council for Rural Reconstuction", *Cheeloo Monthly Bulletin*, No.35,March 6th,1937，无页码。

290 梁桢：《我们在汶上一年半的实验，结果是些什么》，《燕大友声》1937 年第 3 卷第 7 期，第 15 页。

291 《华北农村建设协进会工作大纲：1936-37 年度》，北平，1937 年，第 13 页。

292 周学章：《再论以学校为中心而推动乡村建设》，《教育学报》1941 年第 6 期，第 15 页。

五、结语

华北各教会及教会学校建立的乡村实验，虽然活动区域有限，但其在动荡的社会环境下，针对民国乡村社会存在的诸多弊病，通过适当的调查规划，仍开展了卓有成效的乡村建设活动，在一定程度上改善了乡村面貌，提高了乡民的经济及精神生活水平。特别是教会大学的乡村实验区，可以利用其雄厚的学术，师生及国外资源为乡村服务，这是教会实验区所无法比拟的。更为重要是，上述的乡村实验区也都重视宗教活动，通过改良活动来吸引农民入教，这也是在建设所谓的"乡村牧区"，但在实际成效上却不尽人意。教会实验区的部分实验照搬西方先进技术，脱离了中国乡村实际，加之农民的守旧保守，社会土地制度等原因，"在社会关系不变的情况下，尽力作改良工作，不改变财产关系、剥削关系及殖民地的关系，[293]其活动不能从根本上改变乡村落后境地。参与清河实验的杨开道曾说："这个五千年的古国，历史是多么悠久，可是灰尘也是多么深厚积重难返，一时要想学术上的冒匠，整旧如新，是真谈何容易。"[294]当时中国农村社会积贫积弱的面貌由来已久，当时"农村破产论"言论甚嚣尘上，教会乡村实验虽然在农村建设方面作出了积极探索，但同其他实验区相同，仍不能挽救乡村社会衰败的境况。

而且华北教会界人士与神学院、中学的教育界人士皆投入到乡村改良运动中，更成立了华北基督教农促会的专门组织，这也是其他教区所不具备地。华北基督教的乡村建设活动逐步适应乡村需要，并与地方政府，各地民众（包括非教徒）密切合作，也在一定程度上改变了华北地区乡村落后面貌，提高了当地民众的文化与生活水平，让华北乡村民众得以接触到现代农业及家庭卫生知识，对当时中国社会移风易俗，改变落后的社会习惯和个人生活习惯也起了积极的促进作用。而教会的识字运动，对农民进步大有便利，提高了农民文化水平，也得到农民认可。故当时教会到农村教妇女识字，婆婆常说："先生们从远路来，看面子也得给你们念念。"[295]同时平教运动，注重男女合作，不但使男信徒对于乡村思想提高，对于妇女地位也同时提高。作为教会的乡村建设，自然也带有传播宗教的功利动机，当时在华从事农业工作的美

293 千家驹、李紫翔编：《中国乡村建设运动批评》，上海：新知书店，1936年，第42页。
294 李紫翔：《中国农村运动之理论与实际》，《新中华》1935年第3卷第18期，第14页。
295 王同：《津东秋令会之印象》，《消息》1934年第7卷第10期，第16页。

国传教士毕范宇（F.W.Price）认为宗教与乡建关系时曾言："基督教若不能救平民，即不能救中国，一定要把'平'字里面的十字架表现出来才能成功。若要救农民，农村，必要负起十字架。"[296]而乡村建设的兴起，也有向农村布道的本质目的，因为广大农民为基督教传播提供了广大空间，"乡村之风俗淳厚，人民直质，较之都城狡狯之徒，其领受真理之迟速，则大有别矣"[297]，故当时基督教乡村建设过程中，也十分重视对农民宣传福音，试图打开农村福音空间。但是教会在乡村建设过程中，在农村改良中贡献卓越，而实际在宗教传播上却收效甚微，很难达到双重目的。

教会也通过乡村建设，也实现了从城市教会为中心向以乡村教会为中心的工作转移，从而对中国社会的认识更加深入。他们看到了乡村改良从乡村经济入手，盖农民之经济问题，如不解决，则经费无着，其他各种之乡村改良事业，皆不能举行。[298]少数的信徒更是通过乡建活动认识了农村都市的对立，农村本身内存在着的冲突及其今后消长的趋势，甚至他们对国共两党在农村的走势作出了预判："对中国十余年来在大体上来说，国民党的宣传和工作若和教会相比是较为动听，较能深获一般农民的信仰。国民党及其他团体在农村大有尽取基督教而代之的趋势。但我们要知道此后的共产党在农村将要有更大的成果，他们的宣传将要更动听，他们的工作将要更能深获民心"。[299]但当时基督教乡村建设与其他乡建情况类似，各宗派的乡建活动并不统一，甚至各自为政，存在着"太零碎，轻易在人才、经济、计划、事工各方面，无适当之标准及持久之毅力……其能维持数年之久，却是敷衍局面，无焕发奋进之气。"[300]而且教会乡村建设工作热情有余，但缺乏务实精神，"言者谆谆，听者邈邈，真正脚踏实地到乡村去服务乡村民众者，能有几人。"[301]同时，教会也缺乏足够的乡建人才，教会虽有华北农村事业促进会开展改良农场，建立毛织治铁等厂及卫生教育等运动，但因人才接济不充足，满心宏愿，确

296　毕范宇：《乡村建设运动与宗教教育之关系》，《宗教教育团契》1935 年第 5 期，第 8 页。

297　郑子修：《龙山三月记》，《青年进步》1928 年第 109 期，第 92 页。

298　中华全国基督教协进会：《基督化经济关系全国大会报告书》，上海，1927 年，第 74 页。

299　郑庭椿：《基督教对于中国社会建设之贡献》，第 3 页。

300　徐宝谦：《基督教农村运动》，《中华基督教会年鉴》第 13 期，第 97 页。

301　王墨园：《到乡村去》，《消息》1934 年第 7 卷第 3 期，第 25 页。

无力实行。而教会的改良活动以农业为对象，造就农业改良的人才，但活动地区人烟稠密，土地狭窄，农业发展困难甚大。正如当时教会人士所言："改良农业最好办法，是在为使人有工商业技能，而不是以农业为生活。"[302]更为重要的是，在基督教在华乡村工作开展中也遇到了民智不开，迷信太深，风俗不良，民情太坏等诸多困难，加之缺少人力及财力，又逢频发的战乱，来华传教士并未认识到中国乡村社会的根结所在，只寄望于通过简单的改良而不变革社会体制，无法真正改变乡村社会现状。

---

302 嘉尔逊：《青州教会的教育事业》，《总会公报》1932 年第 3 期，第 1052 页。

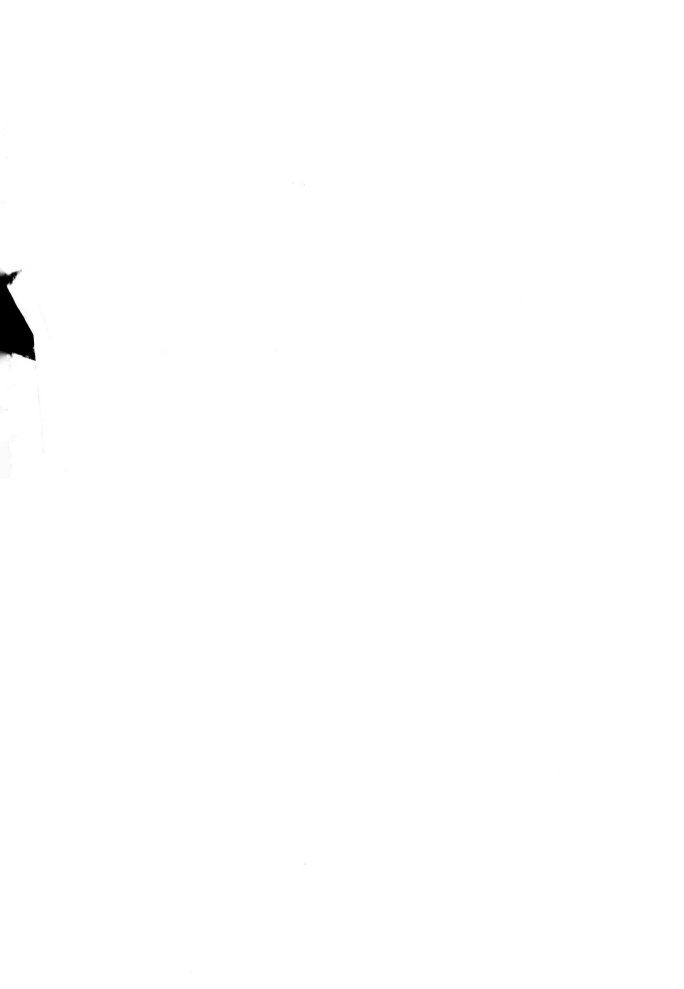